生态学视角下的乡村振兴研究

尹建军 著

九州出版社
JIUZHOUPRESS

图书在版编目（CIP）数据

生态学视角下的乡村振兴研究 / 尹建军著 . -- 北京 : 九州出版社, 2021.11

ISBN 978-7-5108-7860-2

Ⅰ. ①生… Ⅱ. ①尹… Ⅲ. ①农村－社会主义建设－研究－中国 Ⅳ. ①F320.3

中国版本图书馆 CIP 数据核字 (2021) 第 224721 号

生态学视角下的乡村振兴研究

作　　者　尹建军　著
责任编辑　云岩涛
出版发行　九州出版社
地　　址　北京市西城区阜外大街甲 35 号 (100037)
发行电话　(010)68992190/3/5/6
网　　址　www.jiuzhoupress.com
印　　刷　定州启航印刷有限公司
开　　本　710 毫米 ×1000 毫米　16 开
印　　张　13.75
字　　数　200 千字
版　　次　2021 年 11 月第 1 版
印　　次　2021 年 11 月第 1 次印刷
书　　号　ISBN 978-7-5108-7860-2
定　　价　85.00 元

前　言

2017 年 10 月 18 日，习近平总书记在党的十九大报告中提出乡村振兴战略。2018 年 1 月 2 日，中央一号文件《中共中央国务院关于实施乡村振兴战略的意见》发布。2018 年 9 月，《乡村振兴战略规划（2018—2022 年）》按照产业兴旺、生态宜居、乡风文明、治理有效、生活富裕的总要求，对实施乡村振兴战略做出阶段性谋划。2020 年 10 月 29 日，《国民经济和社会发展“十四五”规划和二〇三五年远景目标提出建议》指出，“优先发展农业农村，全面推进乡村振兴。坚持把解决好‘三农’问题作为全党工作重中之重，走中国特色社会主义乡村振兴道路，全面实施乡村振兴战略”。

从生态学视角来看乡村振兴，不仅能够促进乡村经济、政治、文化的振兴，而且可以还乡村建设一片绿水青山，创造新时代我国乡村的新风貌、新气象，建设一个更加富强、民主、文明、和谐、美丽的中国。生态文明建设是现代化农村建设的重要内容，只有生态文明得以顺利完成，才能使农民同城市居民一起共享改革创新的成果。振兴乡村不仅要求农村经济平稳增长，文化生活更加丰富，更加要求生态环境全面改善。

本书共分八章。第一章总述生态学与乡村振兴的概念，包括生态的相关概念、乡村振兴的提出及科学内涵、生态学视角下的乡村振兴；第二章阐述了乡村的生态价值，包括乡村自然生态系统与资源的价值、高效有机循环农业生产的价值、乡村对生态修复及生态多样性的保护价值、“天人合一”理念在乡村发展中的价值；第三章为生态学视角下乡村振兴的理论基础，分别阐述了马克思恩格斯的生态文明思想、中华优秀传统文化中的生态文明思想、中国共产党领导集体的生态文明思想；第四章概述了生态学视角下乡村振兴的目标、原则与成就；第五章至第八章从生态学视角出发，分别从乡村公共环境建设、农民生态意识培育、农业发展思考、乡村旅游资源开发等角度探讨了乡村振兴的相关内容。

本书适合乡村振兴工作从业者与研究者阅读，也可为生态建设发展研究人员提供一定参考价值。鉴于作者水平有限，书中难免存在不足之处，恳望读者提出宝贵的意见和建议！

该书的出版得到了“省级荆楚卓越经管人才协同育人计划”和“湖北省高等学校人文社会科学研究基地大别山旅游经济与文化研究中心”资助，在此也表示衷心的感谢。

目　录

第一章　生态学与乡村振兴

第一节　生态的相关概念

一、生态与生态学

（一）生 态

“生态”一词源于希腊文“Oikos”，意思是指家、“人和住所”或者我们的环境。简单地说，“生态”一词的原意就是“环境”，或指一切生物的生存状态，以及它们之间和它与环境之间环环相扣的关系。当然，这里的环境指自然环境。在汉语词典中，生态主要是指生物在一定的自然环境下生存和发展的状态，也指生物的生理特性和发展状态。这种解释主要强调其是一种状态，并未揭示它是一种关系，所以解释得不太全面。

后来，在生态学专业著作中，国内学者也对生态进行了阐述。李博在《生态学》一书中将“生态”理解为生物与环境之间的相互关系，这里的生物包括动物、植物、微生物及人类本身，即不同的生物系统，而“环境”则指生物生活中的无机因素[①]。自然界中的生物，无论是动物、植物，还是微生物，无不在一定的环境中生活，并和环境形成一个不可

① 李博．生态学 [M]. 北京：高等教育出版社，2000：4.

分割的有机体，发生着各种联系和作用。我们把这种存在于生物和环境之间的各种因素相互联系和相互作用的关系称为生态。生态是指五大类生物（原核生物、原生生物、动物、真菌、植物）之间，以及生物与周围环境之间的相互作用和联系。生物之间及生物与环境之间的关系是生态问题的本质，这种“关系”包括有机生物的生存条件、相互关系，以及有机生物与无机环境之间的关系。

如今，“生态”一词涉及的范畴越来越广，人们常常用“生态”来定义许多美好的事物，如健康的、美的、和谐的等事物均可冠以“生态”修饰。除了用于“生态工程”“生态园林”“生态农场”“生态城市”等和生态直接有关的事物之外，还用于“政治生态”“文化生态”等描述政治、文化环境等领域。

（二）生态学

1. 生态学的定义与发展

生态学是以生态问题为研究对象的生物学分支学科，它的研究对象是生物与环境、生物与生物之间的相互关系。首次提出“生态学”概念的是德国动物学家海克尔。1869 年，他在其《动物学》中把生态学定义为：“研究动物对它的有机和无机环境的总称。特别是动物与其他生物之间的有益和有害关系。”[①] 海克尔作为动物学家的学科背景，决定了他的生态学概念主要聚焦于动物学，并以动物的生态环境为主要对象。1927 年，英国生态学家埃尔顿把生态学定为“科学的自然历史”。1954，澳大利亚生态学家安德烈沃斯给生态学下了这样的定义：研究有机体的分布和多度的科学。他强调种群动态，反映了生态学研究的重心由动物的自然历史转向种群生态学。

随着时代的发展，人们发现人类面临的许多重大问题（如人口急增、食物短缺、环境污染等）与自然生态学问题具有很大的“家族相似性”，完全可以借用生态学的一般理论、方法和原则来解决（至少是思

① 金以圣 . 生态学基础 [M]. 北京：中国人民大学出版社，1988：7–8.

考）类似的问题。于是，自 20 世纪 60 年代后，生态学受到了广泛的关注，成为许多学科竞相参酌的对象，并由此逐渐形成许多分支学科，如景观生态学、恢复生态学、人类生态学、产业生态学、经济生态学及信息生态学等。

与此同时，自然生态学也日益发展，其重要标志之一是引入了有关生态系统的见解。生态系统要求将生物与其生存环境之间的关系归结为或简化为物质流动与能量交换问题，并被进一步分化整合为物质流、能量流及信息流。至此，生态学被理解为：关于有机体与周围外部世界的关系的一般学科，外部世界是广义的生存条件。在此背景下，生态学研究也获得了相对稳定的目标定位，从系统的角度出发，重视系统诸要素的互动关系，揭示生态系统中各个要素之间的彼此影响、相互作用及其制约与反制约的复杂的变化规律。无疑，“系统”和“生态系统”概念的提出，既丰富了生态学的内容，也成为我们理解生态学的基本切入点。

2. 生态学的研究对象

（1）纵向研究

生态学源于生物学，但它们的研究范畴并不相同。生物学是研究生物的结构、功能、发生和发展规律的一门自然科学，研究的重点在于生物本身，主要是个体以下的层次；而生态学中所涉及的是生物个体或个体以上的水平，包括个体、种群、群落生态系统、区域、生物圈。

1）个体生态学：个体生态学以生物的个体为研究对象。个体是生物存在的基本单元。个体生态学研究生物个体生长发育与环境条件之间的关系，研究环境因子对生物个体的影响及生物对环境的适应性，生物体与环境的能量、物质间的关系，数量与质量的动态关系，以确定某个生物种对各生态因素的稳定性与趋向性的界限，探讨环境对有机体的形态、生理和行为的影响。其基本内容与生理生态相当。

2）种群生态学：种群是指一定时间、一定区域内同种个体的组合。在自然界中一般一个物种总是以种群的形式存在。因此种群是物种的存在单位、繁殖单位和进化单位。种群生态学是研究种群与环境的相互关系，以阐明各个生物种群的存在条件和分布状况，在不同的群落生境中，各生物种群的存在方式结构、增长数量及动态等特征。其主要内容是研究种群密度、出生率、死亡率、存在率和种群的增长规律及调控措施和方法，达到种群的合理控制。

3）群落生态学：群落是由一定种类的生物种群所组成的一个生态功能单位，是占有一定空间的多种生物种群的结合体，具有一定的结构，一定的种类组成和一定的种间相互关系。群落生态学研究生物群落的组成（物种多样性）、结构（形态结构、营养结构等）、功能、形成和发展演替与其所处环境间的相互关系，各个种群的关系揭示了群落的自我调节和演替规律等。

4）生态系统生态学：生态系统生态学是近年来生态学有了更新发展的重要标志。主要研究生态系统的结构、功能平衡、稳定及其调控机制。其特点是：研究内容扩大到系统，使个体生态与群体生态在新的基础上结合更加紧密；同时又使植物生态、动物生态、微生物生态、人类生态学、自然科学和社会科学更加紧密地相互渗透与联系起来，成为综合性最强的研究领域。

5）景观生态学：高于群落组织层次的等级水平，现在广泛采用“景观”一词来表示。景观指不同类型群落水平的集合体，景观生态学是一个新领域，主要研究生态系统的异质性组合，探讨环境生物群落与人类社会的整体性，尤其强调人类活动在改变生物与环境方面的作用。与景观生态学层次相近的还有区域生态学。区域生态学是研究特定区域的生命系统与环境系统相互关系的科学，其重要特征是把人类作为区域生态中既普通又重要的组成成分。

6）全球生态学：区域和景观范围扩展到全球，是全球生态，即生物圈或生态圈。这是地球上最高级的组织层次，也是最大的生态系统。由于近年来人们普遍关心的一些重大问题，如人口剧增、粮食短缺、环境污染、资源衰竭等严重威胁着支持人类生存的自然生态系统，破坏了其原有的平衡稳定，已经成为当今世界各国共同关注的研究领域，其变化发展关系着人类的现在和未来，全球生态学的目的在于培养人们树立全球观念，探讨人类生存的对策。

个体生态学、种群生态学和群落生态学基本上只研究生态的自然属性和动物生态的某些社会特征，属于传统生态学。由于生态具有自然、社会和经济的三重性，因此，生态学必然要走以区域生态和全球生态为核心的现代生态学的道路。

（2）横向研究

1）研究全球范围内的生物个体、种、种群、群落生态系统。区域和全球的生态学，研究这些不同级别水平的系统的组成结构、功能及其变化的动态特征或规律，彼此间的关系及调控。如种的分布、种的数量变动、种的行为、种的进化、种际关系，以寻找生态系统中种群的适应结构，并采用生态技术控制有害种群的发生和蔓延，合理开发利用生物资源，保护物种多样性。

2）自然及人工生态系统生产力的研究，以提高光合作用强度及不同营养级水平生物产品的经济效益，以充分发挥生物圈的潜力来适应不断增长的人口生存的需求。尤其是对食物链结构比较单纯的人工控制的生态系统（如农业生态系统），要采用提高物种多样性，增加食物链环节等来提高系统的生产力和资源转化效率，以获得更多的产品，以满足人类的需要。

3）能源和环境方面，提高能源利用率，运用生态工程技术把节约能源和寻找新的替代能源有机结合起来；把充分发挥和保护环境净化功能，减少污染压力和综合治理环境污染结合起来，解决经济发展和环境保护之间的矛盾。

4）人类在生态系统中的作用及协调人与自然的复杂关系，以改善人类的生态环境，寻求全球持续发展的途径。人类所面临的五大挑战，关键是人口增长过快，必须在全球范围内强化生态意识，用生态学的观点来认识和指导人类做到自觉保持全球生态系统的平衡和稳定等。

5）在生态学的研究方法上不断探索和创新。联合自然科学与社会科学等学科，以生态学为桥梁，吸收数学、物理、化学的新方法，运用计算机、遥感、系统分析等近代技术，使对生态系统的研究逐渐由描述性、实验性转向解析性、综合性，从简单的描述回归模型发展到动力学模型，分析表达复杂系统中各组分的定量关系、宏观与微观结合，为宏观决策提供科学依据和手段。

二、系统与生态系统

（一）系统

1. 系统的概念

“系统”一词源自系统论创始人、奥地利理论生物学家贝塔朗菲。所谓“系统”，是由若干相互作用、相互依存的组成部分或成分或亚系统结合的、具有一定结构和特定功能的综合体。每个系统都存在于一定的环境背景中，环境背景的功能在于为系统提供其执行功能和动力的相关信息输入，系统由信息输入而产生反应，反应的结果是向环境产生反向输出。系统具有自身独特的结构，系统内部彼此联系、密切相关的各组成部分（因子）总是按照一定的要求和严密的程序，有规律地结合在一起。

一个系统的组成，必须满足如下三个条件：第一，系统必须具备两个以上的构成要素；第二，各要素之间必须具有某种联系；第三，各要素必须以整体的形式完成特定的功能。系统是客观世界事物存在的普遍形式，可以说万事万物皆系统。例如，一台计算机是一个系统，一个生物是一个系统，一个企业是一个系统，一个部门、一个经济协作区、一个社会组织也都是一个系统。系统有大有小，大到一个国家甚至整个地球和宇宙，小到一个细胞或分子、原子。

2. 系统的基本特征

（1）系统结构的有序性：凡是系统都是有序的，杂乱无章的要素组合在一起构不成系统。系统结构的有序性具体表现在系统的边界和系统的层次两个方面。

1）系统的边界：系统无论大小均有边界。边界是区分系统及其环境的依据。系统边界有的比较明确，而有些比较含糊。系统的边界可能是自然形成的，也可能是人为划分的。例如，动物的皮毛构成了这一动物个体系统的自然边界，而对于土体系统而言，明确地划分它的边界则显得有些困难，其上界是与大气的交接面，其下界则往往是根据研究目的而人为地确定为犁底层、根系下界或母岩表面等。明确系统的边界是为了便于研究边界内的事物。系统边界确定的原则是把研究分析问题的重要部分和对研究问题有重大影响的部分作为系统组成部分，非重要部分中与研究问题有关但又无重大影响的部分划为系统环境。

2）系统的层次：系统无论繁简均具有分层现象，即任何系统既是由某些要素（或子系统）组成的，同时又是组成更大系统的一个要素（或子系统）。系统在宏观方向上可以逐层综合，在微观方向上可以逐层分解，从而表现出鲜明的层次关系。农业系统的层次结构图是对此理论的绝佳说明，如图 1-1 所示。

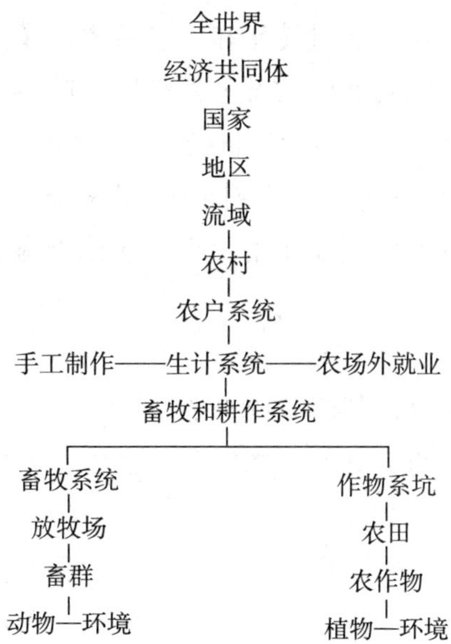

图 1-1　农业生态系统的层次结构划分

（2）系统的整体性：系统的整体性主要表现在组成系统的各要素之间要有一定的数量比例关系和空间位置排列关系，为了完成系统某一特定功能，各要素必须分工协作，相互耦联。这是系统实现能量、物质、信息和价值等转化与循环功能的“目的性”要求。

（3）系统功能的整合性：系统的整合性又叫系统的整合效应，是指系统的整体功能大于各组成部分功能之和的特性。一般而言，系统的整体功能不等于各组成要素功能的简单相加和堆积，而是一种集合效应，既有各要素的具体功能，又有各要素间交互作用产生的新功能。

（二）生态系统

1. 生态系统的概念

生态系统是一般意义上的抽象系统在生态领域中的具体落实，是系统的特殊形态，也是生态学赖以奠基的重要概念和主要研究对象。明确提出生态系统概念的是英国植物生态学家坦斯利，他于 1935 年指出：“生物群落与生存环境之间，以及生物群落内的生物之间密切联系、相互作用，通过物质交换、能量转化和信息传递，成为占据一定空间、具有一定结构、执行一定功能的动态平衡整体。简而言之，在一定空间内生物群落与非生物环境相互联系、相互作用所构成的统一体，就是生态系统。”① 可见，生态系统是一定空间内生物和非生物通过物质的循环能量的流动和信息的交换而相互作用、相互依存所构成的一个生态学功能单位。

2. 生态系统的组成

生态系统种类多样，其组成成分也很繁杂，但从这些组分的性质可以分为两类，即生物组分和非生物组分。其中，生物组分是指生态系统中的动物、植物、微生物等；非生物组分是指生命以外的环境部分，包括大气、水、土壤及一些有机物质，如图 1–2 所示。

① 施维林，等．生态与环境 [M]. 杭州：浙江大学出版社，2005：94.

- 生态系统
  - 非生物组分（生命支持系统）
    - 非生物环境
      - 能源——太阳能、其他能源
      - 气候——光照、温度、降水、风等
      - 基质和介质——岩石、土壤、水、空气等
    - 物质代谢原料
      - CO_2、H_2O、O_2、N_2等
      - 无机盐(矿物质原料)
      - 腐殖质、脂肪、蛋白质、碳水化合物等
  - 生物组分
    - 生产者——绿色植物、光合细菌、化能细菌等
    - 消费者（动物）
      - 食草动物——一级消费者
      - 一级肉食动物——二级消费者
      - 二级肉食动物——三级消费者
      - 杂食动物——杂食消费者
      - 腐食消费者、其他消费者
    - 分解者(还原者)—— 微生物(细菌、直菌等)

图 1-2　生态系统的一般组成

3. 生态系统的结构

生态系统是由生物组分与环境组分组合而成的结构有序系统。所谓生态系统的结构是指生态系统中组成成分及其在时间、空间上的分布和各组分间的能量、物质、信息流动的方式。具体来说，生态系统的结构包括三个方面，即物种结构、时空结构和营养结构。这三方面是相互联系、相互渗透和不可分割的。

（1）物种结构：物种结构又称组分结构，是指生态系统中生物组分有哪些生物种群组成及它们之间的量比关系。生物种群是构成生态系统的基本单位，不同的物种（或类群）及它们之间不同的量比关系构成了生态系统的基本特征。

（2）时空结构：生态系统中各生物种群在空间上的配置和在时间上的分布，构成了生态系统形态结构上的特征。大多数自然生态系统的形态结构都具有水平空间上的镶嵌性、垂直空间上的成层性和时间分布上的发展演替特征。

（3）营养结构：生态系统中由生产者、消费者、分解者三大功能类

群以食物营养关系所组成的食物链、食物网是生态系统的营养结构。它是生态系统中能量流动、物质循环和信息传递的主要路径。

系统结构是系统功能的基础。只有组建合理的生态系统结构，才能获得较高的系统整体功能。反过来，生态系统功能的高低可以作为检验系统结构合理与否的尺度。

4. 生态系统的特征

生态系统既强调循环性，也重视开放性。而循环不仅是在一种独立系统内部的小循环，同时也是参与整个背景环境的大循环。因而与系统的开放性特点一样，指向此事物之个别与彼事物之众多之间的有机联系，具有一荣俱荣、一损俱损的特点。就此而言，生态系统中不仅有机体与其环境之间存在着相互依存、互为因果的关系，而且各子系统之间及子系统与母系统之间也同样存在着密切的联系，这种联系集中反映了彼此之间不断进行着的物质、能量、信息的交流。可以说，生态系统的原理也就是联系的原理、共生的原理。它强调系统中各因子之间的相互关系、相互作用及功能上的统一。

同时，生态系统又是一个有边界、有范围、有层次的体系性存在。可将生态系统比喻成一部由许多零件组成的机器，这些零件之间靠能量的传递而相互联系为一部完整的机器，成为一个完整的生态功能单位。系统内各要素互相作用并受环境制约，从而使能量流动与物质循环在较长时间内保持相对稳定的状态，这种状态就是生态平衡，它是动态的，不是静态的。生态系统内部成分的改变或外部因素的干扰都会对生态系统产生影响，引起系统的改变。生态系统本身有一种自我调节能力，一旦外界因素的干扰超过这种自我调节能力时，调节的功能就会丧失，生态平衡就会遭到破坏。

5. 生态系统的功能

生态系统具有能量流动、物质循环和信息传递三大功能。能量流动和物质循环是生态系统的基本功能，信息传递在能量流动和物质循环中起调节作用，能量和信息依附于一定的物质形态，推动或调节物质运动，三者不可分割，成为生态系统的核心。

（1）能量流动：能量是生命活动的动力。生态系统的能量来自太阳辐射，能量沿着生产者—消费者—分解者单向流动，是驱动一切生命活动的齿轮。

（2）物质循环：物质是生命活动的基础。生态系统中的物质主要是指生物为维持生命所需的各种营养元素。它们沿着食物链在不同营养级生物之间传递，最终归还环境，并可被多次重复利用，构成物质循环。

（3）信息传递：在生态系统中，生物与环境产生的物理信息（声、光、色、电等）、化学信息（酶、维生素、生长素、抗生素等）、营养信息（食物和养分）和信息行为（生物的行为和动作）在生物之间、生物与环境之间的传递，把生态系统的各组分联系为一个整体，具有调节稳定性的功能。

三、生态因子与环境

（一）生态因子

生态因子是指环境中对生物的生长、发育、生殖、行为和分布有着直接或间接影响的环境要素，如温度、湿度、食物、氧气、二氧化碳和其他相关生物等。生态因子是生物存在所不可缺少的环境条件，也称生物的生存条件。生态因子也被认为是环境因子中对生物起作用的因子，而环境因子则是指生物体外部的全部环境要素。

1. 生态因子的分类

在任何一种生物的生存环境中都存在着很多生态因子，这些生态因子在其特性和强度方面各不相同，它们彼此之间相互制约、相互组合，构成了多种多样的生存环境，为各类极不相同生物的生存进化创造了不计其数的生境类型。生态因子的数量虽然很多，但可依其性质归纳为五类。

（1）气候因子：如温度、湿度、日光、降水、风、气压和雷电等。

（2）土壤因子：土壤是岩石风化后在生物参与下所形成的生命与非生命的复合体，土壤因子包括土壤结构、土壤有机和无机成分的理化性质及土壤生物等。

（3）地形因子：如地面的起伏，山脉的坡度和阴坡、阳坡等，这些因子对植物的生长和分布有明显影响。

（4）生物因子：包括生物之间的各种相互关系，如捕食、寄生、竞争和互惠共生等。

（5）人为因子：把人为因子从生物因子中分离出来是为了强调人的作用的特殊性和重要性。人类的活动对自然界和其他生物的影响已经越来越大和越来越具有全球性，分布在地球各地的生物都直接或间接受到人类活动的巨大影响。

除了上述分类以外，史密斯曾把生态因子分成密度制约因子和非密度制约因子两大类。前者的作用强度随着种群密度的变化而变化，因此有调节种群数量，维持种群平衡的作用，如食物、天敌和流行病等各种生物因子，后者的作用强度不随种群密度的变化而变化，因此对种群密度不能起调节作用，如温度、降水和天气变化等非生物因子。但有些科学家（如安德鲁沃斯和比奇）反对把生态因子分为密度制约因子和非密度制约因子。苏联学者蒙恰茨基则依据生态因子的稳定程度将其分为稳定因子和变动因子两大类。稳定因子是指终年恒定的因子，如地磁、地心引力和太阳辐射常数等，这些稳定生态因子的作用主要决定生物的分布。变动因子又可以分为周期变动因子和非周期变动因子，前者如一年四季变化和潮汐涨落等；后者如刮风、降水、捕食和寄生等，这些生态因子主要影响生物的数量。蒙恰茨基的分类法具有一定的独创性，对了解生态因子作用的性质有很大帮助。

2. 生态因子作用的特点

任何环境都包含多种因素，每一种因素对生物都会起着或多或少、直接或间接的作用，并且这种作用和影响随着时间和空间的变化和作用对象的变化而有所不同。实际上，在环境中，各种生态因子的作用并不是孤立的，而是相互联系的，他们共同对环境主体产生影响。他们共同活动的合力正是环境主体演变发展的动力。

总体上，生态因子在整个生态环境中的作用具有以下几个特点：

一是综合性：环境中各种生态因子都不是孤立存在的，而是彼此联系、相互促进和相互制约的，它们在一定条件下可以相互转换。环境主体对某一个极限因子的耐受限度会因为其他因子的改变而改变，因而生态因子对生物的作用不是单一的，而是综合的。

二是存在主导因子：在诸多环境因子中，有一个对环境主体起决定性作用的生态因子，称为主导因子。主导因子发生变化会引起其他因子跟着发生变化。

三是阶段性：由于环境主体在运动变化的不同阶段对生态因子的需求不同，因此，生态因子对环境主体的作用也具有阶段性。

四是不可替代性：环境中的各种生态因子对环境主体的作用各有其重要性，任何一种因子，尤其是起主导作用的生态因子的缺少都会严重影响环境主体的正常生存和发展。

五是可补偿性：生态因子是不可代替的，但是局部是可补偿的。生态因子的补偿作用只能在一定范围内进行部分补偿，而不能以一个因子代替另一个因子。而且因子之间的补偿作用也不是经常发生的。

在生物学中，所有的生态因子构成生物的生态环境，良好的生态环境是生物生存和发展的基础，生态环境不佳不仅制约生物的发展，而且影响生物的生存。

（二）环境

1. 环境的概念

环境是一个相对的概念，通常是指某一中心事物的所有外部因素总和。随着中心事物的改变，环境的内涵和外延也会发生改变。在不同的学科领域，环境的含义和范围会有所区别。生态学中，环境是指生物有机体周围一切的总和，它包括空间及其中可以直接或间接影响有机体生活和发展的各种因素。环境总是针对某一特定主体或中心而言的。由于隐含的主体或中心不同，环境所包含的范围和因素也不同。因此，环境是一个相对概念，随主体的改变而变化。从这个意义上说，离开主体的环境是没有内容的，也是没有意义的。

在这一生存空间中，必然包含着生物生活所必要的、不必要的各种因子。组成环境的每个因子就称为环境因子，如气候因子、土壤因子、地形因子等。在环境因子中对于某一具体植物物种的生活起直接或间接作用的因子称为生态因子。而生态因子的综合称为生态环境。植物环境是指在一定时空内、维持植物生命活动所必需的一切物质、能量条件的总和。生境是不同于环境的另一个重要的生态学概念。生境又称栖息地，是生物有机体生活的空间和其中全部生态因素的综合体，即生物生活的具体场所。因此，相对于一般“环境”而言，生境对植物具有更实际的意义。

2. 环境的类型

生态系统中生物的环境是一个复杂的系统，至今还没有一个统一的分类，一般是按照环境的范围、性质、功能及环境的主体来进行分类的。

（1）按环境范围的大小，可把环境分为宇宙环境、地球环境、区域环境、小环境、微环境、内环境。

1）宇宙环境：是指大气层以外的宇宙空间，也称空间环境。由广阔的空间和存在其中的各种天体及弥漫物质所组成，对地球产生深远的影响。如太阳能、宇宙射线、太阳黑子、太阳和月球因地球引力产生的潮汐等。

2）地球环境：即全球环境，指大气圈、水圈、岩石圈、土壤圈和生物圈，是地球上生物居住的宏观世界，是最大的环境单元。根据生物分布的范围和幅度，其上限可达海拔10千米的高度，下限可达12千米的深度。在这个范围内，集中了90%以上的地球生物成分。其中绿色生物的生命活动最有意义。在地球的各个圈层之间，以植物为纽带，进行着物质和能量相互渗透和转化，生物与环境之间不断进行着能量流动和物质循环。而生态系统却是生物圈中生物系统和非生物系统在特定地理环境中的综合所构成的生物—环境复合体。所以说，生态系统是生物圈的功能单位。从整个地球来说，由于历史和习惯的原因，也有人把整个生物圈称为地球生态系统。

生物圈是生物生存的宏观世界，是大环境，其内部根据各类条件的不同还可以划分为区域环境、小环境等小的环境单元，它影响和制约着生物的种群结构、群落组成，形成大大小小、形形色色的各类生态系统和生态单元。

3）区域环境：由于地球生物圈内的各个圈层（岩石圈、土壤圈、水圈和大气圈）的分布是非均匀的连续体，各个圈层之间的相互配合情况差异很大，使得地球表面地势起伏、水陆交错、凹凸不平，形成不同的地质条件和地貌单元，由此产生了各种各样的区域称为区域环境。不同的区域环境都有自己突出的自然景观和生态条件，其中生长着与环境相适应的生物群落，也就形成了一个区域生态系统类型，并常以区域环境的特点来命名，如湖泊生态系统、沙漠生态系统、热带雨林生态系统、山地生态系统、平原生态系统等。

区域环境的特点是经济发展尤其是农业生产宏观规划分层的依据之一，它制约着农田的结构形成、作物的布局与产量、畜牧业的生产结构、经济条件、人文因素等。也就是说，农业生态经济系统内部的结构与功能同区域环境有着不可分割的密切关系。

4）小环境或微环境：小环境是指接近植物（生物）个体表面或个体表面不同部位的环境，又称微环境，如植物表面附近的大气环境及随温度、湿度变化所形成的小气候；根系表面的土壤环境，即根际环境等，就是植物小环境或小生境。生物的小生境直接影响着生物的生长发育。生物一方面受区城环境和生境的影响和制约，另一方面也影响着小环境，如植物群落组成、植物种类、密度、发育期、叶的浓密度等的不同，都会使小环境发生很大的差异。在农业生产中，许多农艺措施，如中耕、施肥、除草、消灭病虫害及温室、防护林带等都是为了调节和改善农作物生长的小环境。

5）内环境：内环境是指生物体内的生态因子综合。生命与其环境的统一不仅包括外环境，而且包括内环境，也就是说，生命不仅与外环境是统一体，与内环境也是统一体。宏观生态的无生命环境如大气、水、营养物质、土壤等，以及有生命环境如动物、植物及微生物等，都会对生物的生存产生影响。植物通过细胞质腔气孔、气室等，动物通过呼吸系统消化系统、血液循环系统等与外界进行交换，实现平衡与统一；而微观生态的正常微生物群对宿主也有影响，例如，一个成年人大约有 10^{13} 个细胞，而其体表和体内所携带的正常微生物竟有 10^{14} 个之多。这些微生物大部分与细胞密切接触，交换能量、物质，甚至互相传递信息等。宏观影响是通过微观影响起作用的。

内环境实际上是生物体内细胞生长、同化作用和异化作用等生理活动的场所。内环境的温度状况、二氧化碳和氧的供应、营养条件等都直接影响着生物体的微生态平衡和稳定，对生命活动至关重要，维持内环境的平衡就能促进生命的发展；相反，内环境的平衡失调，将导致生物的死亡。

（2）按环境的性质，可以把环境分为自然环境、半人工环境和人工环境三类。半人工环境包括城市环境、乡村环境、农业环境和工业环境。人工环境包括：聚落环境、生产环境、文化环境和政治环境等。一般来说，人工环境是指人工控制、建造或影响下所形成的生物生长的环境因素。如人工开辟、经营和管理的农田、草地、防护林、围栏草场、简易棚舍，以及自然保护区内的一些人为控制防护措施等，都属于广义人工环境的范畴。人类可以利用一系列工程的、物理的、化学的和生物的措施，使局部环境得到改善，以利于生物的生长发育和繁衍后代；也可以因对动植物资源的过度开发、环境污染，以及不适当的工程措施使局部环境向坏的方向转化，从而影响和制约甚至破坏生物的生长。

狭义人工环境是指在人工控制下的生物生长环境，即人类根据生物的生长发育对环境的需要，进行人工模拟或单个因子的控制和改造，如温室栽培、地膜覆盖集约化养殖等，尤其是现代化的人工气候室、控温温室和人工生物培养室等都是模拟自然环境的狭义人工环境。

人工环境打破了自然环境时间性和区域性的限制，可以为人类提供更多的动植物资源，人工模拟和控制环境还为挽救某些珍贵生物创造了条件，做出了贡献，有着光明的前途。设施农业、组织培养、食用菌栽培等都是很好的例子。但是，人工环境尤其是狭义的人工环境，需要较大的投资和消耗较多的能量，目前只用于珍贵生物种的培育和经济价值较高的动植物，如人参、天麻、食用菌、某些畜禽及冬季蔬菜的生产，而在农业生产上应用较多的还是广义人工环境控制和调节。

（3）按照环境的主体分类，目前有两种体系：一种是以人为主体，其他的生命物质和非生命物质都被看成是环境要素，总称为人类环境或人类生存环境。在环境科学中，常常采用这种分类方法。另一种是以生物为主体，特定生物以外的所有其他生物成分和非生物成分称为环境，也是一般生物学和生态学所采用的分类方法。

第二节　乡村振兴的提出及科学内涵

一、乡村振兴战略的提出

（一）乡村振兴战略提出的理论基础

马克思、恩格斯认为，乡村振兴是农业发展和乡村摆脱愚昧落后状态，是大工业发展和解决“城市病”，是个人实现自由而全面发展的根本要求。实施乡村振兴，实现城乡融合的核心路径包括以下几个方面。

1. 大力发展及合理利用生产力

生产力的高度发展为乡村振兴提供了物质条件。只有生产力得到极大发展，才不再有任何对个人生活资料的忧虑。人不再因生存需要而从事自己不喜欢的工作，这样才能消除劳动的异化、分工的异化。于是从事农业生产和工业生产的将是同样的人，不再有城里人、乡下人之别，不再有工人农民之别，人类才能超越分工，超越城乡之别，城乡才能真正融为一体。但是，在一定时期内，社会生产力的发展程度毕竟是有限的。只有合理利用生产力，才能发挥社会生产力的最大效率，推进乡村振兴。

2. 消灭私有制

资本主义私有制的消灭是实现乡村振兴的社会条件。消灭了私有制，也就破除了城乡对立、乡村衰落的存在条件和制度根源。随着私有制被废除，社会将成为全部生产资料的主人，这也使社会全体成员在社会范围内共同使用这些生产资料和有计划地利用生产力成为可能。

3. 城市带动

城市聚集着社会发展的历史动力。城市中具有生产要素和经济信息优势，具有铁路、运河和公路等良好的基础设施，还有丰富的人力资源。因此，乡村振兴要发挥城市及城市化的积极作用，要在“扬弃”的基础上实现城乡“更高级的综合”。

4. 工农业融合发展

实现乡村振兴要打破旧的分工格局，建立新型的城乡分工。首先，要把大工业在全国尽可能平衡分布，使工业在全国的分布最适合于自身的发展，从而消除城市地区的工业高度发展和农村地区工业极端低下的情况。其次，要大力提升农业生产力，促进农业现代化发展。应用一切现代工具、机器等来进行农业生产，充分发挥“通过联合进行大规模经营的优越性”。最后，要建立工农合作组织。加强城市工人与农村生产者之间的联合，把农村的生产者置于他们所在地区中心城市的精神指导之下，使他们在中心城市有工人作为他们利益的天然代表者。

5. 科学技术

马克思、恩格斯认为，科学技术是消除城乡对立的最强有力的杠杆。科学技术不仅能够有力地促进工业和城市的发展，也一定能够广泛、大规模地运用于农业和乡村，从而促进农业和农村的发展。

马克思、恩格斯的乡村振兴思想给我们的主要启示是：乡村振兴战略要建立在城乡融合的基础之上，乡村的振兴离不开城市的带动。乡村振兴战略需要打破旧有的分工格局，实现新的产业布局。乡村振兴战略必须实现乡村的内生发展，提高乡村发展的自生能力。

（二）乡村振兴战略的提出过程

进入 21 世纪之前，我国实施农业支持工业的战略，主要通过从农业中汲取资金支持工业。进入 21 世纪以后，我国逐步将原农业支持工业战略转变为工业反哺农业战略。2002 年，党的十六大报告首次提出了“统筹城乡经济社会发展”。2003 年，胡锦涛同志提出要把解决好“三农”问题作为全党工作的重中之重。2004 年 9 月，胡锦涛同志在十六届四中全会中提出“两个趋向”的重要论断。第一个趋向，即在工业化初始阶段，农业支持工业、为工业提供积累带有普遍性的趋向，绝大多数国家在工业化初期阶段发展工业的资金都来自农业。第二个趋向，即在工业化达到相当程度后，工业反哺农业、城市支持农村，实现工业与农业、城市与农村的协调发展，也是带有普遍性的倾向，在理论界被称为工业化中期阶段。也就是说，在工业化中期阶段以后，一个国家或者地区的基本工业体系已经形成，工业体系相对完整，工业有了自我发展、自我积累的能力，不需要从农业中汲取资金。相反，农业因为长期为工业提供资金，其发展相对滞后，客观上需要工业为其“输血”。在“两个趋向”的基础上，胡锦涛同志又提出“我国现在总体上已到了以工促农、以城带乡的发展阶段”的重要判断。

党的十八大以来，我国农业农村政策在很多方面体现在“中央一号”文件上。2013 年“中央一号”文件《中共中央国务院关于加快发展现代农业进一步增强农村发展活力的若干意见》，其中第六部分是《改进农村公共服务机制，积极推进城乡公共资源均衡配置》。2013 年“中央一号”文件还强调要“努力建设美丽乡村”。2015 年，国家质量监督检验检疫总局、国家标准化管理委员会发布《美丽乡村建设指南》国家标准，就是用于指导全国不同地区、不同情况的美丽乡村建设。2014 年

“中央一号”文件提出“健全城乡发展一体化体制机制”“开展村庄人居环境整治”“推进城乡基本公共服务均等化”。2015 年“中央一号”文件强调，“围绕城乡发展一体化，深入推进新农村建设”，指出“中国要美，农村必须美”。文件还强调，要在 2015 年解决无电人口用电问题，加快推进西部地区和集中连片特困地区农村公路建设。2016 年“中央一号”文件强调，“加快建设社会主义新农村”“社会主义新农村建设水平进一步提高”。2017 年“中央一号”文件强调，要“壮大新产业新业态，拓展农业产业链价值链”“大力发展乡村休闲旅游产业”“培育宜居宜业特色村镇”“支持有条件的乡村建设以农民合作社为主要载体、让农民充分参与和受益，集循环农业、创意农业、农事体验于一体的田园综合体”。

2017 年 10 月 18 日，习近平总书记在党的十九大报告中提出乡村振兴战略，强调农业、农村、农民问题是关系国计民生的根本性问题，必须始终把解决好“三农”问题作为全党工作的重中之重。要坚持农业、农村优先发展，按照产业兴旺、生态宜居、乡风文明、治理有效、生活富裕的总要求，建立健全城乡融合发展体制机制和政策体系，加快推进农业、农村现代化。巩固和完善农村基本经营制度，深化农村土地制度改革，完善承包地“三权”分置制度。保持土地承包关系稳定并长久不变，第二轮土地承包到期后再延长 30 年。深化农村集体产权制度改革，保障农民财产权益，壮大集体经济。确保国家粮食安全，把中国人的饭碗牢牢端在自己手中。构建现代农业产业体系、生产体系、经营体系，完善农业支持保护制度，发展形式多样、规模适度的经营，培育新型农业经营主体，健全农业社会化服务体系，实现小农户和现代农业发展有机衔接。促进农村一、二、三产业融合发展，支持和鼓励农民就业创业，拓宽增收渠道。加强农村基层基础工作，健全自治、法治、德治相结合的乡村治理体系。培养造就一支懂农业、爱农村、爱农民的“三农”工作队伍。

2017 年 12 月 29 日，中央农村工作会议首次提出走中国特色社会主义乡村振兴道路，让农业成为有奔头的产业，让农民成为有吸引力的职业，让农村成为安居乐业的美丽家园。2018 年 1 月 2 日，“中央一号”文件《中共中央国务院关于实施乡村振兴战略的意见》发布，指出没有农业农村的现代化，就没有国家的现代化。当前，我国经济社会，文化、人与自然等发展不平衡不充分问题在乡村最为突出，主要表现在：农产品阶段性供过于求和供给不足并存，农业供给质量亟待提高；农民适应生产力发展和市场竞争的能力不足，新型职业农民队伍建设亟待加强；农村基础设施和民生领域欠账较多，农村环境和生态问题比较突出，乡村发展整体水平亟待提升；国家支农体系相对薄弱，农村金融改革任务繁重，城乡之间要素合理流动机制亟待健全；农村基层党建存在薄弱环节，乡村治理体系和治理能力亟待强化。实施乡村振兴战略，是解决人民日益增长的美好生活需要和不平衡不充分的发展之间矛盾的必然要求，是实现“两个一百年”奋斗目标的必然要求，是实现全体人民共同富裕的必然要求。

党的十九大提出实施乡村振兴战略，是以习近平同志为核心的党中央着眼党和国家事业全局，深刻把握现代化建设规律和城乡关系变化特征，顺应亿万农民对美好生活的向往，对“三农”工作做出的重大决策部署，是决胜全面建成小康社会、全面建设社会主义现代化国家的重大历史任务，是新时代做好“三农”工作的总抓手。从党的十九大到二十大，是“两个一百年”奋斗目标的历史交汇期，既要全面建成小康社会、实现第一个百年奋斗目标，又要乘势而上开启全面建设社会主义现代化国家新征程，向第二个百年奋斗目标进军。为贯彻落实党的十九大、中央经济工作会议、中央农村工作会议精神和政府工作报告要求，描绘好战略蓝图，强化规划引领，科学有序推动乡村产业、人才、文化、生态和组织振兴，2018 年 9 月，根据《中共中央、国务院关于实施乡村振兴战略的意见》，国家编制并颁布了《乡村振兴战略规划（2018—2022 年）》。该规划以习近平总书记关于“三农”工作的重要论述为指导，按照产业兴旺、生态宜居、乡风文明、治理有效、生活富裕的总要求，对实施乡村振兴战略做出阶段性谋划，分别明确至2020年全面建成小康社会和2022年召开党的二十大时的目标任务，细化实化工作重点和政策措施，部署重大工程、重大计划、重大行动，确保乡村振兴战略落实落地，是指导各地区各部门分类有序推进乡村振兴的重要依据。

2020年10月29日，中国共产党第十九届中央委员会第五次全体会议深入分析国际国内形势，就制定国民经济和社会发展“十四五”规划和2035年远景目标提出建议。建议指出，“优先发展农业农村，全面推进乡村振兴。坚持把解决好‘三农’问题作为全党工作的重中之重，走中国特色社会主义乡村振兴道路，全面实施乡村振兴战略，强化以工补农、以城带乡，推动形成工农互促、城乡互补、协调发展、共同繁荣的新型工农城乡关系，加快农业农村现代化”。

二、乡村振兴战略的科学内涵

（一）我国乡村振兴战略的内在机理

我国的乡村振兴战略和西方乡村振兴存在五个不同点。

第一，我国的乡村振兴战略建立在生态文明的理念之上。西方乡村振兴是一条“先污染，后治理”“先破坏，后建设”的亡羊补牢式的道路，是建立在工业文明的现代性思维基础之上的乡村振兴。而我国倡导的生态文明是对可持续发展的深化，代表了人类发展的未来。我国的乡村振兴战略是建立在以生态文明为基础的后现代思维基础之上的，它不是“亡羊补牢”，而是“防微杜渐”，因此绝不能走西方“先污染，后治理”“先破坏，后建设”的老路。实现人与自然和谐，是我国乡村振兴战略的基本前提。

第二，我国的乡村振兴战略建立在“四化”同步发展之上。西方的乡村振兴战略大多发生在城镇化之后。“逆城镇化”是其主要动力。我国的乡村振兴战略是在工业化和城镇化发展的中期，工业化和城镇化尚没有完成，这就决定了我国乡村振兴战略的实施必须与新型城镇化同步协调。一方面，要利用工业化、城镇化、信息化等助推乡村振兴战略的实施；另一方面，要利用乡村振兴战略，推动农村农业的内生发展，实现农业农村和农民的现代化。

第三，我国的乡村振兴战略建立在社会主义公有制基础之上。西方国家的乡村振兴战略是建立在资本主义私有制的基础之上的，与我国存在本质的不同。我国的制度背景和文化传承与西方国家存在很大差别，因此适用于西方的乡村振兴道路径不一定适合我国的国情。那些认为乡村振兴就是要在农村大力推动私有制的市场化改革方案要引起我们特别的注意，明确和坚持社会主义公有制，是我国实施乡村振兴战略的制度前提。

第四，我国的乡村振兴战略建立在庞大的农村人口基数之上。西方国家的乡村振兴实施时，大量的人口已经集中在城市，乡村人口稀少，农业从业人口占比较低，在“逆城镇化”的趋势下，农村聚集了很多富人。而我国目前农村人口仍然十分庞大，即使现代化完成之后，农村依然将有数亿人口，而且我国农村聚集的人口中贫困人口较多。因此，我国的乡村振兴战略面临的压力更大，问题更多，实施也更困难。

第五，我国的乡村振兴战略建立在独特的城乡二元体制之上。西方国家面临的只是现代化过程中出现的二元经济结构，而我国除了二元经济结构之外，还具有中国特色的城乡二元体制。我国的乡村振兴战略，除了要通过大力发展生产力实现城乡发展一体化之外，还要大力破除城乡二元体制，实现体制机制的融合融通。

（二）乡村振兴战略的科学内涵

1. 产业兴旺是乡村振兴的核心

新时代推动农业农村发展核心是实现农村产业发展。农村产业发展是农村实现可持续发展的内在要求。从中国农村产业发展历程来看，过去一段时期内主要强调生产发展，而且主要是强调农业生产发展，其主要目标是解决农民的温饱问题，进而推动农民生活向小康迈进。

从生产发展到产业兴旺，这一提法的转变，意味着新时代党的农业农村政策体系更加聚焦和务实，主要目标是实现农业农村现代化。产业兴旺要求从过去单纯追求产量向追求质量转变、从粗放型经营向精细型经营转变、从不可持续发展向可持续发展转变、从低端供给向高端供给转变。城乡融合发展的关键步骤是农村产业融合发展。产业兴旺不仅要实现农业发展，还要丰富农村发展业态，促进农村一、二、三产业融合发展，更加突出以推进供给侧结构性改革为主线，提升供给质量和效益，推动农业农村发展提质增效，更好地实现农业增产、农村增值、农民增收，打破农村与城市之间的壁垒。农民生活富裕的前提是产业兴旺，而农民富裕、产业兴旺又是乡风文明和有效治理的基础，只有产业兴旺、农民富裕、乡风文明、治理有效有机统一起来才能真正提高生态宜居水平。

党的十九大将产业兴旺作为实施乡村振兴战略的第一要求，充分说明了农村产业发展的重要性。当前，我国农村产业发展还面临区域特色和整体优势不足、产业布局缺少整体规划、产业结构较为单一、产业市场竞争力不强、效益增长空间较为狭小与发展的稳定性较差等问题，实施乡村振兴战略必须紧紧抓住产业兴旺这个核心，作为优先方向和实践突破点，真正打通农村产业发展的“最后一公里”，为农业农村实现现代化奠定坚实的物质基础。

2. 生态宜居是乡村振兴的基础

习近平同志在十九大报告中指出，加快生态文明体制改革，建设美丽中国。美丽中国的起点和基础是美丽乡村。乡村振兴战略提出要建设生态宜居的美丽乡村，更加突出了新时代重视生态文明建设与人民日益增长的美好生活需要的内在联系。乡村生态宜居不再是简单强调单一化生产场域内的“村容整洁”，而是对“生产、生活、生态”为一体的内生性低碳经济发展方式的乡村探索。

生态宜居的内核是倡导绿色发展，是以低碳、可持续为核心，是对“生产场域、生活家园、生态环境”为一体的复合型“村镇化”道路的实践打造和路径示范。绿水青山就是金山银山。乡村产业兴旺本身就蕴含着生态底色，通过建设生态宜居家园，实现物质财富创造与生态文明建设互融互通，走出一条中国特色的乡村绿色可持续发展道路，在此基础上真正实现更高品质的生活富裕。同时，生态文明也是乡风文明的重要组成部分，乡风文明内涵则是对生态文明建设的基本要求。此外，实现乡村生态的良好治理是实现乡村有效治理的重要内容，治理有效必然包含有效的乡村生态治理体制机制。从这个意义而言，打造生态宜居的美丽乡村必须要把乡村生态文明建设作为基础性工程扎实推进，让美丽乡村看得见未来，留得住乡愁。

3. 乡风文明是乡村振兴的关键

文明中国根在文明乡风，文明中国要靠乡风文明。乡村振兴想要实现新发展，彰显新气象，传承和培育文明乡风是关键。乡土社会是中华民族优秀传统文化的主要阵地，传承和弘扬中华民族优秀传统文化必须要注重培育和传承文明乡风。乡风文明是乡村文化建设和乡村精神文明建设的基本目标，培育文明乡风是乡村文化建设和乡村精神文明建设的主要内容。乡风文明的基础是重视家庭建设、家庭教育和家风家训培育。家庭和睦则社会安定，家庭幸福则社会祥和，家庭文明则社会文明；良好的家庭教育能够授知识、育品德、提高精神境界、培育文明风尚；优良的家风家训能够弘扬真善美、抑制假恶丑，营造崇德向善、见贤思齐的社会氛围。

积极倡导和践行文明乡风能够有效净化和涵养社会风气，培育乡村德治土壤，推动乡村有效治理；能够推动乡村生态文明建设，建设生态宜居家园；能够凝人心、聚人气，营造干事创业的社会氛围，助力乡村产业发展；能够丰富农民群众的文化生活，汇聚精神财富，实现精神生活上的富裕。

实现乡风文明要大力实施农村优秀传统文化保护工程，深入研究阐释农村优秀传统文化的历史渊源、发展脉络、基本走向；要健全和完善家教家风家训建设工作机制，挖掘民间蕴藏的丰富家风家训资源，让好家风好家训内化为农民群众的行动遵循；要建立传承弘扬优良家风家训的长效机制，积极推动家风家训进校园、进课堂活动，编写优良家风家训通识读本，积极创作反映优良家风家训的优秀文艺作品，真正把文明乡风建设落到实处，落到细处。

4. 治理有效是乡村振兴的保障

实现乡村有效治理是推动农村稳定发展的基本保障。乡村治理有效才能真正为产业兴旺、生态宜居、乡风文明和生活富裕提供秩序支持，乡村振兴才能有序推进。新时代乡村治理的明显特征是强调国家与社会之间的有效整合，盘活乡村治理的存量资源，用好乡村治理的增量资源，以有效性作为乡村治理的基本价值导向，平衡村民自治实施以来乡村社会面临的冲突和分化。也就是说，围绕实现有效治理这个最大目标，乡村治理技术手段可以更加多元、开放和包容。只要有益于推动实现乡村有效治理的资源都可以充分地整合利用，不再简单强调乡村治理技术手段问题，忽视对治理绩效的追求和乡村社会的秩序均衡。

党的十九大报告提出，要健全自治、法治、德治相结合的乡村治理体系。这不仅是实现乡村治理有效的内在要求，也是实施乡村振兴战略的重要组成部分。这充分体现了乡村治理过程中国家与社会之间的有效整合，既要盘活村民自治实施以来乡村积淀的现代治理资源，又毫不动摇地坚持依法治村的底线思维，还要用好乡村社会历久不衰、传承至今的治理密钥，推动形成相辅相成、互为补充、多元并蓄的乡村治理格局。从民主管理到治理有效，这一定位的转变，既是国家治理体系和治理能力现代化的客观要求，也是实施乡村振兴战略，推动农业农村现代化进程的内在要求。而乡村治理有效的关键是健全和完善自治、法治、德治的耦合机制，让乡村自治、法治与德治深度融合、高效契合。例如，积极探索和创新乡村社会制度内嵌机制，将村民自治制度、国家法律法规嵌入村规民约、乡风民俗中去，通过乡村自治、法治和德治的有效耦合，推动乡村社会实现有效治理。

5. 生活富裕是乡村振兴的根本

生活富裕的本质要求是共同富裕。改革开放四十多年来，农村经济社会发生了历史性巨变，农民的温饱问题得到彻底解决，农村正在向着全面建成小康社会迈进。但是，广大农村地区发展不平衡不充分的问题也日益凸显，积极回应农民对美好生活的诉求必须要直面和解决这一问题。生活富裕不富裕，农民有着切身感受。长期以来，农村地区发展不平衡不充分的问题无形中让农民产生了一种“被剥夺感”，农民的获得感和幸福感也随之呈现出“边际现象”。也就是说，简单地靠存量增长已经不能有效提升农民的获得感和幸福感。

生活富裕相较于生活宽裕而言，虽然只有一字之差，但其内涵和要求却发生了非常大的变化。生活宽裕的目标指向主要是解决农民的温饱问题，进而使农民的生活水平基本达到小康，而实现农民生活宽裕主要依靠的是农村生存资源存量发展。生活富裕的目标指向则是农民的现代化问题，是要切实提高农民的获得感和幸福感，消除农民的“被剥夺感”，而这也使得生活富裕具有共同富裕的内在特征。如何实现农民生活富裕？显然，靠农村存量发展已不具有可能性，有效激活农村增量发展空间是解决农民生活富裕的关键。而乡村振兴战略提出的产业兴旺则为农村增量发展提供了方向。

第三节 生态学视角下的乡村振兴

一、生态乡村的起源

乡村发展经历了旧石器时代的洞穴居址、新石器时代的原始聚落、乡村聚落、传统乡村、社会主义新农村、生态乡村等阶段。生态乡村是乡村发展到一定程度的结果。应该说，生态乡村是随着乡村居民生活质量与社会经济水平的不断提高，特别是乡村居民生态环保意识的增强而逐渐形成的一种协调性的乡村空间形态。

（一）旧石器时代，洞穴居址出现

在原始社会，人类最初以采集和渔猎等为谋生手段。在这一漫长的时期，人类为了自身安全和繁衍生息，不断地在大自然中寻找安全庇护的场所，甚至为了获得天然食物，人类不得不随时迁徙。原始人会对自然条件优越、地理位置便利的洞穴择优，或者择树筑巢而居。同时，有研究表明，到旧石器时代晚期已有相对成熟的穴内空间模式。这些极其简单、原始的居处散布在一起，就组成了最原始的聚落，但这还不是真正意义上的聚落。

（二）新石器时代，原始聚落出现

伴随着由旧石器时代进入新石器时代，由于生产力的发展，出现了农耕与饲养的生产方式。距今 9000 —7000 年，农业出现。由于农作物从种植到收成需要很多工序，加上农业需要的石器工具与狩猎工具相比，不仅种类多、数量大，而且比较重，因而从事农业的人逐渐考虑建造固定的可以长期使用的住所。随着母系氏族的产生，便出现了按照氏族来定居的“聚落”，随着农业的发展和人口的增多，聚落逐渐发展壮大。

从人类居住环境的发展历史来看，从穴居野处到筑室成居，人类经历了百万年的漫长过程。在人类进化的早期阶段，人类的聚居条件处于一种原始状态。随着生产力的发展，产品交换日益频繁，出现了“乡村”，这时候人类已经能够挖掘横穴和竖穴并加盖简单的屋顶，这一阶段为有组织的原始聚居阶段。

（三）乡村聚落的出现

距今 4500 年左右，也就是龙山时代到来之后，远古聚落逐渐被新兴的城邑和其周边郊野的乡村所取代，新兴城乡二元结构登上历史舞台，出现了“乡村”。在这个时期，多数中心性聚落渐渐从“聚落”中脱胎而出，成为“城市”或“城邑”，一般乡村则处于发展缓慢的状态。城邑在一定程度上标志着聚落的终结、城市与乡村的出现及城乡对立的形成。乡村自出现之日起，就注定了以城邑为中心的附庸地位，一个城邑统治着若干乡村成为早期城乡关系的基本模式。

（四）传统乡村的发展

我国乡村聚落的产生是人类以血缘关系为纽带而形成的一种聚族而居的乡村雏形。这种按血缘关系聚族而居的状态，历经奴隶社会和封建社会，至今在广大农村中还有广泛而深刻的影响。传统乡村聚落大多是自发性形成的，其聚落形态反映周围环境多种因素的作用和影响。传统乡村是以农业和农业资源为主要生产方式的居住群落，其不仅能为区域的发展提供物质基础，更是承载区域文化的载体，是中国农耕文明留下来的文化遗产。

（五）社会主义新农村建设

最初提出社会主义新农村建设是在解放初期。20 世纪 80 年代，中央文件里也曾提到建设社会主义新农村。十六届五中全会闭幕后，社会主义新农村的建设达到了高潮。社会主义新农村建设是在我国已经进入以工促农、以城带乡的发展阶段，解决“三农”问题成为全党工作的重中之重的背景下提出的。社会主义新农村建设的思路是既要扶持农业、农村和农民的发展，也要培育农业良性发展、农村自我造血、农民适应市场的自立能力，实现农村经济发展、农民生活水平提高、农村基础设施改善、农村社会事业发展、农村基层民主政治完善。

（六）生态乡村的兴起

世界上第一个有生态乡村雏形的村庄于 1971 年诞生于美国田纳西州。当时并没有“生态乡村”这一概念，村民们将这个村庄称为“农庄”。乡村居民们在入村前都要做出坚守信仰、过质朴生活的承诺。居民们自发组织在村庄内种下一片林场并对其进行维护，村内居民的生计来源主要依靠于收获树上的蘑菇。

1985年，美国学者麦克劳克林（Me Laughlin）和戴维森（Davidson）在其著作《黎明建造者，不断变化世界中的社区生活》中首次提出了

“生态乡村”一词，并首次将“ecological”与“village”两词合二为一，通过“创新性地解决问题”来整合人类与自然之间的联系。

1991年，在盖亚基金会的资助下，美国学者罗伯特·吉尔曼（Robert Gilman）发表了题为《生态乡村与可持续发展社区》的研究报告，报告中展现了全球各地规划建设发展成功的生态乡村案例，并在其中初次归纳了生态乡村的概念，即以人与自然和谐相处为标准的全功能定居点，把人类活动结合到不损坏自然环境为特色的居住地中，支持健康地开发利用资源，可以可持续地发展到将来。在这之后，世界各地开始出现生态乡村的规划建设，由北欧国家发展壮大并推及至其他发达国家。

中国对生态乡村的研究始于20世纪末期。学术界在“农村城镇化”“城乡统筹”的大背景下提出了建设“社会主义新农村”“文明生态村”等概念，并开展了大量有意义的实践和广泛深入的研究。

改革开放以来，中国的乡村经济有了快速发展，但农民“重经济、轻环保”的意识仍占据主流。面对农村日益严重的水土流失、森林破坏、土地沙化、畜禽粪便污染、水土资源的污染等生态环境问题，学术界从乡村产业系统层面提出了以有机农业、生物农业、自然农业等取代现代石油农业的替代农业模式。自我国政府提出生态文明建设以来，广大乡村也开展了广泛的生态化建设，亦取得了一定成效。生态乡村建设不仅是一个自然环境保护问题，更是谋划中国经济转型和开辟新的经济增长点的战略问题，确保绿水青山真正成为金山银山的问题。从一定程度上来讲，乡村优势在于生态，这一优势决定了生态乡村建设必然成为生态文明建设引领者和绿色生活重心。如果说工业文明是城市改造乡村，生态文明则是乡村改造城市。生态乡村建设将必然成为推动中国经济发展的先进生产力。

二、生态学视角下的乡村振兴

生态文明建设是乡村振兴的重要内容，要想乡村振兴符合可持续发展的要求，就必须尊重农村原有的生态环境，因为美好的生态环境就是农村发展的最大优势和宝贵财富；乡村振兴又是生态文明建设的重要保障，随着城市化程度不断提高，农村发展成为新时代中国发展的关键领域，如何实现城乡的协调发展成为必须解决的问题。针对这一问题，党和政府提出了乡村振兴战略，全方位促进现代农村的发展，农业是我国经济的重要保障，农民是我国生产力的生力军，农村生态是我国生态文明建设的重要一环，只有搞好农村的经济、政治、生态建设，我国的生态文明建设才有坚实的基础，乡村振兴战略不仅是农村发展的新动力，而且全面支持和保障了生态文明建设，二者是相互联系、密不可分的。

从生态学视角来看乡村振兴，不仅能够促进乡村经济、政治、文化的振兴，而且可以还乡村建设一片绿水青山，创造新时代我国乡村的新风貌、新气象，建设一个更加富强、民主、文明、和谐、美丽的中国。生态文明建设是现代化农村建设的重要内容，只有生态文明得以顺利完成，才能使农民同城市居民一起共享改革创新的成果。振兴乡村不仅要求农村经济平稳增长，文化生活更加丰富，更加要求生态环境全面改善。所以，乡村振兴的真正践行，有两个方面必须注意，方可保证农村的生态水平不断提高。

第一，发展乡村绿色产业。要实现乡村经济的长远和可持续发展，必须以保护自然的生态文明理念为抓手，努力改变乡村经济发展的传统固有模式。在生产过程中，探索一条属于农村、适合农村、突出特色的农村绿色产业发展之路，以此来实现乡村经济的振兴，保证绿色兴农和质量兴农。首先，农村绿色农业的发展应该转变传统生产方式，创造以绿色食品生产为重点的农业生产经营方式，农作物的种植除了必要的人力付出之外，要使农业的生产、经营等向着高效化和集约化方向发展，不再依赖大型农机具、农药等，而是遵从可持续发展的原则，在农产品的经营方面更多地利用生物内在的循环机制，充分利用农村生态系统的全部能源和要素，同时要将最新的农业科技成果与农产品的种植结合起来，运用现代化管理手段，促进农村的一、二、三产业综合发展，根据各地乡村特点和环境特色，制定合理的规划，发展各乡各村的特色绿色产品，追求以品质为保证的生态农业。其次，乡村绿色工业的发展也同绿色农业的发展一样，必须以可持续发展为目标，合理使用农村的各种能源和要素，自觉保护环境，生产满足人的需要的产品。乡村产业要不断提高生产的技术水平，降低生产过程中的能耗，促进机械设备的升级，对于一些高污染和高消耗的工厂进行有效、彻底、长期的管理，进行长期、严格的监督。另外，对于已经产生的工业废弃物，要利用科学技术转化为可以利用的资源，让农村企业不仅收获经济效益，更能收获社会效益。

第二，打造乡村生态文化。乡村振兴计划除了产业的振兴，文化的振兴也是重要方面，改革开放以来，农村的产业发展水平明显提高，但文化发展一直是薄弱环节。乡村的生态文化不是一蹴而就的，是长时间的累积和创造所形成的，针对现如今农村存在的问题，有以下应对措施：首先，关于乡村生态保护知识的宣传，除了定期进行环保宣传活动，大力倡导绿色低碳的生活，我们更应该将现代的科学技术运用到乡村中，随着手机等媒体的普及，各村可以建立具有自己特色的生态文化网站，改变古板的方式，融合各村的本土特色，在网站上公布自身最新的生态建设成果和以后需要改进的地方，使得生态文化的宣传得到更多人的关注。其次，要想营造农村地区良好的生态文化氛围，需要加强对乡村居民的教育，积极组织以“绿色生态”为主题的教育活动，让农民理解乡村生态文化的内涵和保护乡村生态环境的重要性，教授他们关于节约资源和保护周边环境的方法，并将其运用到生活中去。

乡村振兴计划是一项艰巨又长久的任务，而生态文明是新时期人类先进的生存状态，生态文明建设的理念在乡村的运用是乡村振兴全面实施的重要方面。从生态学视角出发，基于目前乡村振兴计划下农村的环境状况，认真分析乡村振兴下农村的生态困境及原因，提出在实施乡村振兴战略过程中我们应该遵循的正确的生态路径和建设方式，是推进乡村振兴进程的重中之重。因此，我们要在党的领导下，努力处理好经济振兴、文化振兴等和生态振兴的关系，最大限度地发挥农村已有的优势，弥补不足，以此实现城乡的协调发展，推动新时期农村的繁荣和可持续发展。

第二章　乡村的生态价值

第一节　乡村自然生态系统与资源的价值

理解乡村生态特点，要从乡村生态系统结构分析入手。乡村生态系统是以乡村为基础，以农村人群为核心，伴生生物为主要生物群落，建筑设施为重要栖息环境的人工生态系统。乡村生态系统不仅包括庭院生态系统、农业生产系统、非农产业生态系统，还包括聚落内人口所构成的社会系统和人类活动，以及人类活动所涉及的自然生态系统。

我们认为乡村的生态系统是一个完整的复合生态系统，它以乡村地域为空间载体，将乡村的自然环境、经济环境和社会环境通过物质循环、能量流动、信息传递等机制，综合作用于农民的生产和生活。因此，乡村的生态系统结构相应包含三个子系统：自然生态系统、经济生态系统和社会生态系统。这三个子系统有着各自的结构和运行方式，但它们并不是相互独立的，而是彼此交织、相辅相成的，共同维持着村落生态系统的稳定运行，如图 2–1 所示。以下我们对自然子系统和相关资源进行介绍。

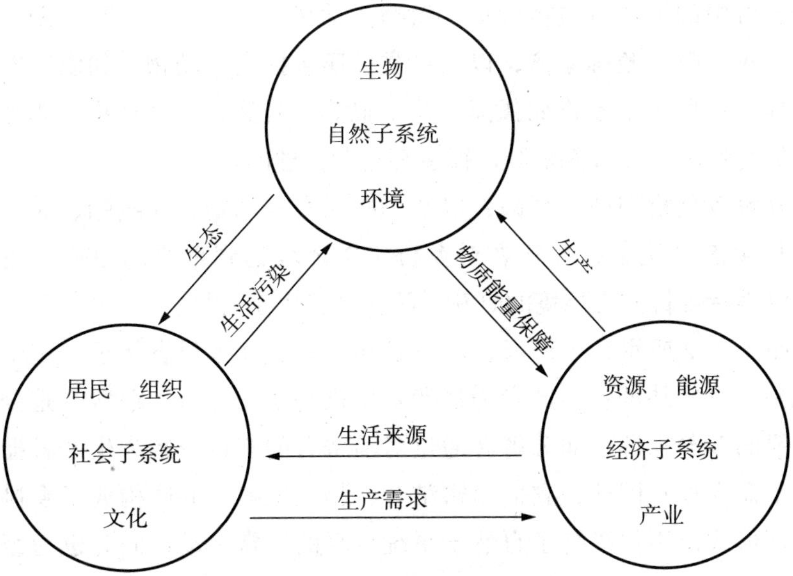

图 2-1　乡村生态系统结构示意图

一、自然生态系统

乡村存在于大自然中，坐落于绿水青山之中，每个生活在其中的人都可以感受自然的气息，这里有人工种植的各类作物、蔬菜、瓜果，还有数不清的野花和野草；有人工饲养的鸡、鸭、鹅、猪、马、牛、羊，还有人们叫不出名字的鸟类和野生动物。在乡村，人们可以近距离地接触到肥沃的土壤、清澈的河水和多样的地形，乡村就是这样一个生物与环境协同共生的系统。

（一）生　物

乡村自然子系统中的生物，在生态学意义上包括生产者、消费者和分解者。乡村农田里种植的农作物及自然荒野中生长的各类植物是乡村生态系统的重要生产者，它们不仅为乡村提供物质和能量，以维持经济子系统和社会子系统的正常运行，还起着调节气候、涵养水源、保持水土、净化空气等作用，改善了乡村的生态环境。

乡村中的消费者包括食草（植物）动物，如牛、羊、马、驴、兔等牲畜，鸡、鸭、鹅等家禽，以及鸟类；还包括食肉动物，如农民家养的狗、猫，一些野生动物如狐狸、黄鼠狼等。当然，这些动物并非都是以单一类生物为主要营养来源，很多都是杂食性的。

分解者是指细菌、真菌，以及一些无脊椎动物，如蚯蚓、螨虫等。在乡村生态系统中，分解者对乡村生态环境起到重要的净化、还原作用，以维持乡村生态环境的更新，防止乡村生态污染。

如图 2-2 所示，生产者、消费者和分解者在乡村自然子系统中，每个都是不可或缺的：生产者为消费者提供物质和能量，消费者是分解者最主要的营养来源，而分解者通过对消费者的有机分解为生产者提供必要的生命支撑。因此，它们紧密结合、相互依赖，共同构成了乡村生态的循环形式，不仅维持了自然子系统自身的正常运动，同时也为经济子系统和社会子系统的稳定提供了必要支持。

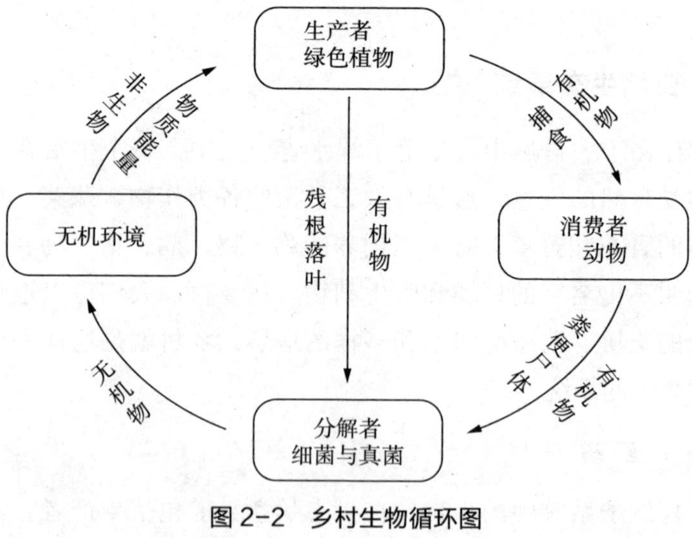

图 2-2　乡村生物循环图

（二）自然环境

气候是对乡村的形成和发展影响最为显著的自然环境因素。气温、降水、光照、温度、风等各种气候要素不仅影响乡村的建筑结构和布局，而且直接影响到乡村的自然生态和农业的生产能力、农民的土地利用方式，以及农民的饮食结构、穿衣住行等生活方式。地形地貌不仅影响着乡村的分布、格局和形态，也影响着农民的土地利用方式和乡村的产业构成。受到地形地貌的影响，一般山区的村落规模相对较小，并且比较分散，可利用的土地规模有限，常常是生产水果、干果和杂粮的好地方；在平原地区的乡村，可利用的土地数量比较多，土壤条件一般比较好，乡村规模较大，大面积的农田适合种粮食作物。水资源条件对乡村的形成和发展有较大影响。水资源是最直接关乎人类生产和生活的资源之一，特别是对于乡村的农业生产来说，其采取何种发展方式在很大程度上要受制于水资源的丰富程度。在乡村的形成和发展过程中，水资源条件是最为重要的环境因素，在干旱半干旱区域，水资源缺乏，乡村分布受到水资源的制约，一般乡村内的居民点比较集中，乡村密度较小，这在北方的乡村表现较为明显。而在水资源丰富的南方平原地区，乡村的分布密度较大，居民点分布比较分散。我国南方的水乡和黄土高原的窑洞，北方的旱作农业与南方的水田，都是适应不同自然环境的结果。

二、乡村的资源

乡村资源是乡村经济系统的基础。由于乡村所处地理位置不同，乡村之间在资源种类和数量上有很大差别，资源的差异性造就了不同类型的乡村生态系统。乡村资源有自然资源和人工资源之分，乡村的人工资源主要指的是乡村中的交通设施、农田水利、房屋建筑等基础设施，这些资源既是乡村经济发展的产物，同时也为乡村经济的发展提供了保障。乡村的自然资源包括土地资源、水资源、生物资源、矿产资源等有形资源。自然资源具有双重性，它既是乡村自然生态子系统的主要部分，也是乡村经济生态子系统的重要构成。

（一）土地与水资源

土地资源和水资源在乡村中占据重要地位。土地不仅是农民最基本的生产和生活资料，也是农业不可或缺的载体。从地理渊源上来看，乡村是离土地最近的场所：从农民与土地的关系来看，有“土地是农民的‘命根子’，农民是土地的‘守护神’”之说。因此，乡村与土地有着天然的不可分割的关系，乡村活动中很大一部分是围绕土地进行的，农民的生产、生活无不与土地相关。乡村与土地的这种密切关系也体现出了土地的多重价值，如土地为乡村的农业提供基础，土地为乡村分解污染排放发挥生态功能。由于土地的稀缺性，传统农民十分重视土地的可持续利用，拥有一系列保护和珍惜土地的优良品质，也形成了一套可持续利用土地的技术措施。

水资源是维持乡村农业生产、工业生产和村民生活的不可或缺的经济自然资源，江河、湖泊、池塘、近海是乡村的主要水资源，不同乡村的水资源储存量往往造就了乡村不同的农业发展类型和经济发展方式。水资源较多的乡村可以栽培水稻，稻米则成为主要粮食。在南方，我们可以看到波光粼粼的水田；而在水资源相对较少的乡村，则要种植小麦、玉米、甘薯等农作物，人们以面粉为主食；在干旱地区则发展旱作农业，或发展经济林；在靠近江河湖海的乡村，则有条件发展水产养殖业，或成为渔村。土地与水资源的丰富程度不同，就产生了不同的乡村形态，所谓“靠山吃山、靠水吃水”。

（二）生物资源

乡村有着较频繁的生物活动。去过乡村的人都能感受到乡村生命的活力，在农家院里，大红冠的公鸡跳上墙头，大白鹅伸长脖子嘎嘎叫，猪圈里的三五头小猪不时制造一阵骚动；在田野里你能看到辛勤劳动的农民、旺盛生长的庄稼，还有各种不知名的花草；在山坡上，野兔偶尔会与你相遇，山鸡不时在你前方鸣叫，树上熟透的野果不经意地落在你脚下……各种生物频繁活动，使得乡村具有较多的生物信息。乡村的生物资源具有种类多、地域性强等特点。在经济属性上，一方面，农业生物资源是农民家庭经济生活的重要依赖，一个农民家庭拥有农业生物资源的多少将影响着农民家庭生活的消费支出水平。另一方面，农业生物资源是决定乡村产业结构的重要因素之一，拥有某一种或多种优势农业生物资源的乡村，可以利用这种生物资源发展为相应的农业产业。

（三）乡村能源

新能源革命，正在使乡村焕发出生机勃勃的生态文明。非均衡分布、集中开发、高运输成本的传统能源，导致环境压力的同时，也恶化了生态。相反，具有高度分散性、相对均衡分布的太阳能、风能、地热能、生物能等新能源，越是在人口分布密度低的地方，人均可利用的新能源量越大。新能源的这种特性使农村获得了城市不具备的新优势。

生物质能是来源于太阳能的一种可再生能源，农村的生物质能资源种类很多，主要包括农作物秸秆、人畜粪便、农产品加工副产品和能源作物等几大类。生物质能在农民的生产生活中发挥着重要作用，在一些地区，薪柴和秸秆是农民做饭、取暖的主要能源，在很大程度上解决了农作物副产品的再利用问题，实现了农民生产和生活之间的循环，也减轻了农民能源消费的负担。目前，一些农村通过发展沼气技术实现了对生物能源的深层次利用，不仅为农民的生活和生产提供清洁、成本低、使用方便的新能源，而且还能恢复和维持乡村的生态循环，实现良好的生态价值。

乡村的自然能源主要包括太阳能、风能、水能等。太阳能在乡村的利用最为普遍，一方面，它是农民田地里的农作物和蔬菜生长所必需的能源，特别是农民的温室大棚使太阳能得以充分利用；另一方面，太阳能在农民生活中的用途也十分广泛，如农民家庭的太阳能热水器、西部地区农村的太阳灶，就是把太阳能转化为热能服务于农民生活的。目前，我国已成为世界上最大的太阳能热水器生产和消费的国家，而我国太阳能热水器 90% 以上的市场在农村。新能源在农村生活领域的使用，从根本上改变着中国农村的生活方式，预示着新能源经济在农村也具有极大的开发潜力。

第二节　高效有机循环农业生产的价值

一、高效有机循环农业的内涵

循环农业是农业发展的一种新理念，是针对我国人口和资源、环境的现状提出来的新的农业经济增长发展方式。有机农业是指在植物和动物生产过程中不使用化学合成的农药、化肥、生长调节剂、饲料添加剂等物质，不使用离子辐射技术，也不使用基因工程技术及其产物，而是遵循自然规律和生态学原理，采取一系列可持续发展的农业生产技术，协调种植业和养殖业的平衡，维持农业生态系统稳定发展的一种新兴的农业生产方式。因此，高效有机循环农业是指通过高新技术在农业生产经营中的应用，充分整合各种资源在农业生产中的利用，提高资源的利用率并使得农业进一步发展。高效循环农业是我国农业发展至今所提出的一种全新的农业发展策略，是符合我国可持续发展的战略目标和以人为本的生态理念的。

众所周知，乡村的生态循环体现在宏观上，是自然界与乡村的交互过程，农业生产是这一过程的中介或者连接点。如太阳光照以光能的形式维持和促进了农田作物的生长，而农作物收割加工后变成了乡村生活的主要食物和营养能量来源，有了食物和营养能源，乡村才能进行作物栽培、发展养殖业、开展社会交往及文化娱乐活动等。

在微观上，乡村的生态循环一方面实现了乡村环境的净化，另一方面为农业生产提供了源源不断的能量。乡村活动产出的各种废弃物经过乡村的循环，通过一系列物理、化学、生物过程，能够快速被分解，从而避免对乡村环境造成污染。正是有了乡村环境的还原和净化，乡村的生态才更接近自然，人们也才能享受到乡村中的新鲜空气和优美的田园风光。具体地说，乡村的生态循环体现为三个循环，一是种植业内部的循环，如秸秆还田、利用秸秆制作有机肥等。传统农民几乎都掌握了制作有机肥的方法，他们利用作物秸秆、杂草做原料，采用“沤肥”“堆肥”等办法来弥补肥料的不足。二是种植业与养殖业之间的循环。种植业和养殖业是农民家庭收入和营养的主要来源，通过农民的家庭生活，种植业与养殖业两者相互为彼此提供物质和能量上的所需，从而实现了乡村物质和能量的交换和平衡。三是农民生产与生活之间的循环。传统农业一切来自土地，又全部回到土地中，是对大自然干扰最小的农业类型。农民从土地上生产的一切都可以得到有效利用，如生产的粮食用作人们的口粮，加工粮食产生的糠、皮、渣子等可用来喂猪、喂鸡；农作物及其秸秆可用来养牛、养羊，而家禽牲畜的排泄物及农民家庭生活产出的垃圾经过农民的处理变成农作物生长所需的宝贵的有机肥料，如图2-3所示。乡村正是实现这些循环的理想节点。

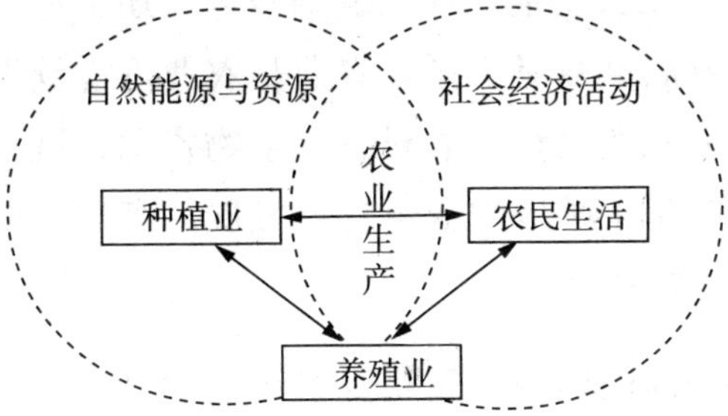

图 2-3　乡村的生态循环模式图

总之，高效有机循环农业具有以下特点：第一，采用轮作的种植方式有效提高农业的产量。发展高效有机循环农业在耕地的时候一般都是采用粮草间作或者是轮作的方式进行农作物的种植和培育，这样能够避免重茬种植作物带来农作物产量下降的现象。第二，高效有机循环农业是充分利用农村各种生物资源进行农作物的生产。高效有机循环农业生产过程中经常结合农村现有的资源来提高农业生产的效率，比如，将秸秆粉或者是动物粪便当作原料来种植食用菌或者养殖蚯蚓，还可以将生活污水进行发酵，当作农作物的有机肥料。第三，高效有机循环农业就是在农业生产过程中减少相关化学物品的使用，生产绿色有机农产品。

二、发展高效有机循环农业生产的必要性

生态文明建设顺应人类社会文明发展的客观规律，我国作为一个以农业为基础的国家，农业的生态文明在我国生态文明建设中起着最基础的作用。也就是说，农业生态文明的发展直接关系着我国生态文明的建设。发展高效有机循环农业是转变农业发展方式，促进农业生态文明建设的具体体现，也是深入推进乡村振兴战略的重中之重。现将发展高效有机循环农业的必要性分析如下。

（一）助力农业可持续发展

当今我国提出了可持续发展战略，因此，可持续发展战略目标要贯彻到我国社会生产生活的各个方面，农业也要进行可持续发展。可持续发展就是统筹人、环境协调发展。过去农业生产过程中，由于使用一些化学药品，不仅导致农业生产环境遭到破坏，还会危及使用者的生命财产安全。因此，发展高效有机循环农业是农业可持续发展的一个必要途径，高效有机循环农业是结合农村各种生物资源，既保护了环境，又能提高农业的生产产量，顺应农业可持续发展的潮流，所以在农村提倡高效有机循环农业很有必要。

（二）增加我国农产品在国际市场竞争力

随着社会的不断发展，人们对农产品的要求越来越高。我国是农业大国，要保持农产品在国际市场中的竞争优势，就必须发展高效有机循环农业，生产绿色有机食品，满足市场对绿色有机农产品的需要，进而增加我国农产品在国际市场中的竞争力。

（三）保障人民群众身体健康

要以人为本，就要不断满足人民群众对优质生态农产品的需求，对高品质生活的期待。发展高效有机循环农业，能够建立一个良性的农业循环生产体系，也就是在农业生产过程中不使用任何化学物品，不添加任何添加剂或者色素，而是利用农村各种生物资源，实现废物资源的再

利用，保障农产品中不含有任何农业残留、激素和其他有害物质，从根源上保障人民群众的身体健康。

（四）增加农民收入

发展高效有机循环农业能够充分发挥山区农业区的自然环境优势和生物资源优势，按照有机农业的生产方式，实行相应的生产，使得农业生产符合我国有关规定的标准，进而提高其农业产品的竞争力，促使农村经济获得增长，大幅度增加农民收入。同时，发展高效有机循环农业不提倡化学物品在农业生产中的应用，而是将农村的生物资源用于农业生产中，大大节省了农民在农业生产中的经济投入，进而推动我国社会主义新农村的建设。

（五）增加农村就业

发展高效有机循环农业，通过推广粮草间作、林下种草等，使得牧草的质量和产量得到相应提高，进而促使畜禽饲养量增加。通过对畜禽排泄物进行相应的无害处理，又为其他种植业提供了饲料，这样就会在农业生产过程中形成一个良性的循环，使得农业生产变成了一个劳动密集型产业，这样就能够吸收农村大量闲置劳动力，减少农村劳动力到城镇就业而给城镇带来的就业压力，促进社会的和谐和稳定。

（六）我国社会主义新农村建设的必由之路

我国是农业大国，水资源占世界 6%，耕地占世界 10%，却养活了世界近 21% 的人口。[①] 我国有 36.11% 的人口在农村，农村经济发展相对于城市而言比较落后，如何加强社会主义新农村的建设，是我国面临的一个重要问题。发展高效有机循环农业，不仅能够提高农业产量，促进农村经济发展，还能够有效平衡农村与城镇的差距，保障和谐社会的构建。

---

① 徐刘芬．我国粮食安全的水资源支撑问题研究 [J]. 山东农业工程学院学报，2016，33（1）：8-11.

第三节　乡村对生态修复及生态多样性的保护价值

一、乡村有利于生态修复

尽管对于大自然而言，自然环境的变化是大自然的一种常态，但对人类的经济社会发展来说，自然环境的变化并非总是有利的，有时候会直接威胁到人类的生存和发展。人类在自然变化面前的无动于衷与盲目自大一样，都是愚蠢和危险的。要谋求人类社会的发展，就必须顺应自然，同时积极调控自然，使其服务于人类社会。比如，自然灾害带来的生态异化，尽管它是自然现象，但其对人类经济社会造成了损失，就必须采取相应措施应对。

生态修复是乡村振兴战略中的一项重要工作，也是乡村规划中需要重点关注的问题，生态修复一般与国土综合整治联系在一起，是国土综合整治工作的重要项目。在我国改革开放以后，农村的发展过程中，经济发展一般是伴随着自然资源的开采或者自然环境的破坏的，对农村以后的发展造成深远的影响。现如今，人们越来越意识到生态可持续发展的重要性，从过去以环境换经济转变为如今经济建设与环境治理平衡发展的局面。2018 年，政府公布了《土地综合整治重大工程研究》，其中提出了"山水林田湖草生命共同体"的概念。乡村振兴战略背景下生态修复应该按照这个理念实施。"山水林田湖草生命共同体"指的是一个包含了山、水、林、田、湖、草等各个层次的生命有机体，这个生命有机体不是一个固定大小、固定形态的生命体，而是一个有机结合的统一的系统。在乡村生态修复中，应该加强对生物多样性的保护，恢复生态环境，把土壤、水体、农田和乡村景观等生物多样性作为山水林田湖草综合整治和管护的重要评价指标，综合考虑生态修复整体性。

乡村生态修复的目标主要有三个：恢复和提升生态服务功能、开展退化和污染生态环境的生态修复、合理利用和提升自然资源利用效率。其中生态服务功能包括水土流失、防风固沙、蓄洪等。乡村生态修复的常用措施有以下几个方面。

第一，水流。对水流的治理措施有：增加植被覆盖，提高水土涵养功能；加固山坡河道，减少水土流失；加强农田水道、坑塘修复，保护生物多样性；减少湖堤水田，还田于湖等。

第二，土流。土流一般是伴随着水流发生的，合称水土流失，加强对水流的管理的同时，加强对土地的保护。加强防风林建设，防止风沙扬尘；加强植被建设，减少土壤流失；优化河流水道，提高灌溉能力和效率等。

第三，污染物流动。地面和水流中的污染物是随着水土流失而流动的，治理的策略是控制源头、过程和受体三方面同时进行。在污染物源头上，控制污染源，乡村工厂该整治的整治，该关闭的关闭；养殖场布局加强优化，减少污染水流入河道；优化水系分布，加强水流净化能力；生活污染物设置定点垃圾桶进行统一管理。

第四，风流和大气循环。乡村一般情况下很少有大气污染，但也存在部分空气污染的情况。有关部门应该对污染空气的乡村工厂进行整治，该关闭就关闭；乡村秸秆还田，避免燃烧；推进煤气和电能的普及，减少传统土灶的使用；优化乡村房屋布局，保持空气流通等。

第五，动物迁移。在我国乡村环境中，有许多地方是珍稀动物迁徙需要停留的地方，鸟类或者其他动物在这里繁殖栖息，乡村生态修复应该重视这种情况，保护原始环境或者改善周围环境，建立一个完善的保护机制。除此之外，对于部分外来物种的防治工作应该做好，防止生态系统平衡被破坏。

乡村自身的特性决定了其对生态修复的作用和价值。乡村振兴战略符合我国当前国情发展战略，在乡村振兴战略背景下，乡村规划和生态修复工作将是未来我国一项长期的重要工作。科学有效的乡村规划和生态修复工作能够充分开发利用自然资源和社会资源，促进人与自然之间的和谐相处，从而达到经济效益和生态效益的双赢。推进乡村规划和生态修复，对促进乡村经济建设和可持续发展有重要意义，是建设美丽中国和实现中华民族伟大复兴中国梦的必经阶段。

二、乡村有利于维持生物多样性

生物多样性是人类赖以生存的物质基础，随着人口的迅速增长，人类经济活动的不断加剧，尤其是人类盲目地向自然界索取大量生物资源，使得这一物质基础受到了严重威胁。为此，在1992年巴西里约热内卢举行的联合国环境与发展大会上签署了一项保护地球生物资源的国际公约——《生物多样性公约》，旨在最大限度地保护地球上多种多样的生物资源，以造福于当代和子孙后代。随着人类经济社会的不断发展，生物多样性具有的重要价值已经被越来越多的研究所证实和强调。概括而言，生物多样性的总价值分为可利用价值和非利用价值（见表2–1）。在生态文明成为当前社会经济发展追求的重要目标的时代背景下，生物多样性的价值将会越来越受到重视。

表2–1　生物多样性价值的分类[①]

<table>
<tr><td rowspan="3">总价值</td><td rowspan="2">可利用价值</td><td>直接利用价值</td><td>消耗性利用价值：如柴薪、野味等非市场性价值
生产性利用价值：如木材、鱼等商品性价值</td></tr>
<tr><td>间接利用价值</td><td>生态服务价值：如调节气候、水土保持、改善环境等
科教、文化、娱乐价值：如科学、教育、娱乐、休憩等
选择价值：保存未来选择机会的价值</td></tr>
<tr><td>非利用价值</td><td>存在价值</td><td>野生生物存在的伦理情感价值</td></tr>
</table>

① 丁圣彦.生态学——面向人类生存环境的科学价值观[M].北京：科学出版社，2004：264.

农业生物的多样性是生物多样性的重要组成部分，农业生物多样性是指与农业生产有关的各种各样的生物（动物、植物和微生物）所构成的生态综合体的丰富程度，保护农业生物多样性是全球环境保护的重要组成部分。正是因为有着多样的农业生物，才有了多样的乡村生态面貌。不同的农业生物在乡村生态里扮演着生产者、消费者和分解者三者其中的一种角色，每种角色都相互依存，缺一不可，从而构成了乡村完整的生物链，这也为乡村生态提供了循环的可能。只有当乡村具有了生态意义上的循环，清洁的空气、美丽的风光、舒缓的节奏才能成为乡村独有的景观，吸引着向往自然的城市人奔向乡村，感受人与自然的亲密。因此，农业生物多样性是构成乡村生态格局的重要部分，它与农民的社会经济活动相互交织，维持着整个乡村生态系统的平衡力和吸引力。

传统乡村农业不是专业化的农业，而是多样化的农业。多样化农业包括农业物种多样和农业生态系统多样。农业多样性首先源于乡村居民生活的需要，人们需要吃多种粮食、多种蔬菜，需要油料、棉麻，需要肉、蛋、奶等，多种需求造就了小而全的农业生产类型，从而维系了农业品种和类型的多样性。调查发现，一个农家院里每年竟然可以生产出20多种蔬菜和瓜果。其次，多样化农业源于土地环境的复杂性。乡村周边的土地肥力不同、水利条件不同、地理位置与地形不同，因此，会出现水田与旱地、平地与山地、肥沃与贫瘠等土地的区别，不同土地适合不同的种植内容，于是就出现了诸如“山下是良田，果树绕山转”的农业景观，也是合理利用土地的智慧体现。最后，农业多样性是为了生态防治的需要。农民在长期的生产实践中发现，多样化种植可以防治某些病虫害。例如，利用赤眼蜂防治水稻螟虫，利用白僵菌防治松毛虫。农田土壤中的各种微生物、蚯蚓、蚂蚁、线虫等生物物种对农作物生产都产生了重要的响。园艺作物经常需要依赖授粉动物，包括蜜蜂、飞蛾、蝴蝶、甲虫、鸟类等。田埂和周边的植被往往成为作物害虫天敌的繁殖和栖息场所，对农田害虫的控制至关重要。在长期实践中农民积累的地方知识，甚至可以成为科学家科学发现的重要基础。

乡村对生物多样化影响十分显著。据专业人员统计，在乡村里，每一户农户院落及房前屋后活动的禽畜、昆虫等有200多种；蔬菜、瓜果、花卉与杂草等植物也多达50多种；还有大量微生物存在，微生物的菌落数量是随着与乡村的距离而递减的。这些动物、植物、微生物构成了乡村的生态系统，有消解各类垃圾的重要功能。没有了乡村，农业生物多样性就失去依靠，保存农业生物的多样性也就成了一句空话。比较完整的乡村和“新农村”，农业生物多样性的差异一目了然。这种差异不仅来自乡村环境，也来自人们的生活方式和人们的需求。乡村农业生产的各种场所，包括田地、鱼塘、河流，以及农户庭院等，都存在着各种各样的农业生物，这些生物与周围的环境密切联系，并且相互维生。实质上，农业体现了自然生命的过程，农民长期在土地上耕作种植、培育物种的实践，可以被理解为人们培育多样性生命的过程。传统精耕细作的农业包含着朴素的生态学思想，多种多样的农业种植制度对保持生物多样性具有重要途径。农民种植的混作、间作、轮作等多样化的土地利用方式对维护农业生物多样性具有积极作用，这是乡村对农业生物多样性保存的重要方面。

除此之外，乡村农业生产的多样化也是维持生物多样性的另一个重要方式。一个乡村的农业生产往往不仅仅只有各种农作物的种植，还包括各种牲畜家禽的养殖。多样化的农业生产造就了多种生物需求，因此，为了照顾到每一种生物的需求，乡村就不能仅仅依靠粮食的种植。对于农民而言，各种生物都是维持家庭生活的重要资源，要充分利用这些生物首先就必须保护好它们。在这种生产观的支配下，乡村的每一种生物都会得到尊重，就连田地长出来的野菜农民都舍不得放弃。多样的农业生物不仅保证了乡村与自然和谐的关系，而且也给农民的生活带来了诸多乐趣。

第四节　“天人合一”理念在乡村发展中的价值

谈生态学视角下的乡村振兴，不能不讨论乡村的“天人合一”理念。作为人类生活环境的乡村，一方面是人类对自然生态环境适应的结果，其物理形态由其生活的生态环境直接制约和决定，如地势环境、建筑材料的选择等；另一方面由于人类的文化能力，乡村的物理形态会因为人类的生存经验和思想智慧而出现变化，而这种变化更多的是文化意义上的变化，即在物理形态上赋予乡村不同的或者更丰富的象征意义和价值观念。平衡人与自然的关系是乡村生态的重要功能。中国农民的生活一直围绕着“天人合一”理念展开与传承，构建的是一种天、地、人三者之间的平衡与循环的关系，一方面希望天人保持一致，也就是宇宙自然这个大天地与人这个小天地的和谐统一；另一方面要求达到天人相应的境界，此即是认为人和自然在本质上是相通的，故一切人事均应顺乎自然规律，达到人与自然和谐。

一、“天人合一”理念的基本内涵和要素分析

（一）“天人合一”理念的基本内涵

“天人合一”作为我国古代的生存智慧，不仅仅体现为人与自然的关系，还包括人与人的关系、人与社会的关系。

1. 人与万物同质同源

“天地之大德曰生”，人与自然万物都是“天地和气”的结果。因此，人与万物是同质同源的，人只是天地中的一部分，并不在自然之外，人与万物可以相互比附，相互感通。

2. 天道与人道相通不二

虽然从天地生人的角度看，人只是自然中的一种，但是“二气交感，化生万物，万物生生而变化无穷焉。惟人也得其秀而最灵”。人的

独特之处主要就在于，人之心性可以与天地相通，这样“天道与人道实一以贯之。宇宙本根，乃人伦道德之根源；人伦道德，乃宇宙本根之流行发现”。所以人应当有“与天地参”“赞天地之化育”的胸怀，不仅要关注人事，而且要注意协调与自然的关系，把自然万物纳入伦理的视野。

3. 追求和谐——最高的价值目标

在中国传统文化中，“天人合一”不仅仅是一个存在论的命题，更重要的是一个价值论的命题。从价值论的视角来看，这一命题把追求和谐作为一种至高的价值目标，而和谐的根据不在人之外，就在人自身，所以追求和谐就成为人生的当然使命。从社会发展的角度来追求和谐就是实现“视天下犹一家，中国犹一人”的大同世界；从个人安身立命的角度追求和谐就是获得一种至善的人格规定，这在张载看来就是要达到“民胞物与”的境界。这种人生价值追求意味着人已经贯通、超越了“天—人”“物—我”“内—外”“上—下”的界限，真正实现了“天人合一”的境界，即将个体的生命托付于宇宙大化流行的规律中了。

（二）“天人合一”理念的基本要素分析

1. 人与自然关系分析

（1）人是自然界的组成部分：人类的生存和发展受一定的自然条件和自然资源的制约，受生态平衡自然规律的制约。人类在征服改造自然的过程中，始终受周围和环境的影响和制约。

（2）人是自然界的主体：人作为自然界中的最高产物，人不仅具有自然存在物的特征，而且还具有其他自然物不具有的特征。人可以通过自己创造性的活动去改造外部自然，能动地把外部自然作为自己的活动对象，有意识地创造出合目的、合意志的对象性存在，以此来满足自己和发展的需要。这时，人同物关系的地位和性质都发生了转换，人把自己从一切存在物中区分出来并提升为主体，同时把外部世界，自然对象变成“为我而存在”的客体，人同外部世界的对象性关系便转换为实践主体和实践客体的关系了。

（3）人与自然和谐发展：人类的生存离不开自然的生存，而自然的生存也是在人类的实践活动干预下的生存。在当代社会逐步恢复和重建人与自然的和睦关系的情形下，必须掌握现代科学严谨的研究方法，开发强大的技术工具手段，遵循生态规律的要求，充分利用天地万物，引导和协调天人关系，建立一种既不以自然为中心的人统一于自然，也不以人为中心的人对抗于自然，而是人与自然有序耦合的有机协同机制。

2. 人与社会关系分析

个人与社会的关系属于人类社会及人类生活的内部关系，但社会寄身于自然的基础之上，无时不处于同自然的矛盾与联结之中。不仅个人与社会的关系要受到人与自然的关系的制约，而且人与自然的关系也受到个人与社会关系的制约。个人和社会的关系主要体现在两个方面：一是个人与社会的共生关系，指个人与社会在此社会存在总体内相互依从、双向互塑，无论从个人主体形成中的社会化、个性化之生成，还是从人道社会的个体化、人道化、社会化之生成莫不如此。二是个人与社会的互动关系，指处于相互关系中的个人与社会必处在相互作用之中，双方都不能离开对方而各为孤立、自在之物，而是在相互联结中来定位和定义的。人与社会的关系是通过人们的社会行动来实现的，只有行动着的人才能形成交往关系，只有人们之间形成了交往关系才形成了社会，人才进入了社会关系之中，人与社会的关系才成为现实的存在。就此而言，社会行动是产生人与社会关系的原因，而人与社会关系则是社会行动产生的结果。解决人与社会的关系，主要是协调好人们的观念、思维方式、价值观念、社会保障措施、社会制度等几方面的因素。

3. 人与人关系分析

在人类与自然的对象性关系中，人类主体具体表现为不同的群体（民族或国家、地区或区域、阶级或阶层、团体或集体）和不同的个人。在人与人的关系方面，以人类的整体利益为最高价值，人类的整体利益高于任何个人或任何群体的局部利益。首先，地球上的生态平衡是一个整体。人类主体要从整体的角度认识和把握各种自然物在自然生态系统中的地位和作用，在认识和维护自然生态平衡的基础上研究和安排自然物的开发，反对采取无政府主义掠夺性开发各种自然物。其次，地球上的生态平衡跟人类生存和发展的整体利益是一致的。保护地球上的生态平衡就是保护人类的整体利益。再次，人类的实践手段与实践目的是直接同一的。最后，人与人的关系还要以人类的可持续发展为宗旨，把握当代人与未来人二者的统一。在人类与自然的对象性关系中，人类主体不仅指“当代”的人类，而且包括“后代”的人类，要从代际的角度观察和处理自然资源有限性与人类社会发展相对无限性之间的矛盾。因此，解决人与人之间的关系，要协调好人际关系、社会秩序、人道主义等几方面问题。

二、“天人合一”理念在乡村发展中的价值体现

（一）“天人合一”理念在乡村建筑上的体现

乡村“天人合一”的生态理念首先体现在农民房屋庭院的建设和布局上。传统乡村房屋的建设有着就地取材的特点，这是因为乡村坐落于自然环境中，水、泥沙、石材、石灰、木材等自然资源都成为农民建设房屋的材料，只要农民付出一定的劳动，这些材料都能获得。这种优势不仅使得农民减少了生活成本，也造就了与环境协调的各色民居，如林区的木屋、山区的石板房、黄土高原的窑洞、南方的竹楼等。同时，农民懂得为了延续世代生活和子孙生计需求，这些资源不能过度使用。对于农民而言，这些建筑材料是自然对他们的恩赐和遗赠，合理地开发和保护自然的理念就潜移默化到农民的日常生活中。

在乡村庭院布局上，“天人合一”理念也体现得淋漓尽致。乡村的房屋多建在较为开阔的地方，为了充分采光，房屋大多坐北朝南。农民自家的农家院是露天的，夏天可以乘凉，冬天可以晒太阳，一年四季的季节变化在农户庭院得到了充分体现。农家院的露天格局也是为了满足农家院里所种植或养殖的生物的光照、水分、通风等自然条件的需求，

作物或牲畜的生长都遵循自然气候的变化，与此对应的农业劳动也必须依据四季变化进行调整和安排。因此，乡村庭院的这种布局特点就规定了农民的生活和生产都应以尊重和顺应自然规律为前提而展开。除此以外，农民还常说盖房应当“接地气”，房子才能住得舒坦。农民所言的“接地气”实质上有两层意思：一是要符合当地的自然特点，特别是气候和地势。如华北地区平原较多，乡村的房屋大多建在地势平坦的地方，而且房屋建设注重保暖抗寒；而西南山区，乡村多坐落于山地，房屋顺山而建，而且注重透气排湿。二是要符合农村的特点，如有个农家院用来养鸡鸭鹅，养猪牛羊，房前能有小块闲地，种些蔬菜；房屋要近村挨户，可以与左邻右舍闲话家常；等等。

乡村“天人合一”理念在福建客家乡村体现得尤为典型。在客家农村，土地耕种方式影响聚落分布规模，客家人多居住在山地，可耕作的土地不多，相对而言人口密度不大，通常是一座大型聚居建筑（祠堂），围绕祠堂依次分布居住，或者数个中小型聚居建筑就可以形成一个乡村。客家乡村追求一种具有农业社会特点的自然环境空间，相对封闭，经济上自给自足，而乡村环境通常是三面由大山围护，前方由低山拱卫，只留一个豁口与外界联系，建筑空间与自然空间完全融合，这种融合关系使客家民居脱离了人工环境的制约，达到了“天地人合一”的哲学境界。

今天的乡村建筑由于广泛使用钢筋、水泥等新型建筑材料，乡土特色和顺应自然的风貌在减少。千篇一律的建筑代替了丰富多彩的民居风格。受城镇建设思维的影响，有些地方的农民失去了农家院的乡村生活，住进了城市人居住的现代居民楼。在京郊的一个上楼村，我们对农民上楼后的生活状况做了调查，农民对上楼后有现代化的厕所、集中供暖、全天候的自来水等感到十分满意。但是，他们同时也向我们抱怨，住楼让他们感到无所适从。“房子不接地气，不如农家院舒适”“太闷人，同囚犯的牢房并无两样”。每天被关在房子里无所事事，邻里之间的关系同以前村里那种亲密的熟人社会相去甚远，而终日房门紧锁以防被小偷光顾的惴惴不安的心情同当初那种“夜不闭户，路不拾遗”的淳朴民风之间早已南辕北辙了。可见，尽管农民上了楼，但是农民意识中对于传统农村中独立开阔的房屋的热爱并未被现代化的居住形态所侵蚀掉。城市楼房的“不接地气”，实质上从反面论证了乡村房屋的建筑格局能够使农民同大自然之间进行有益的接触与互动，同时也使农民推崇“天人合一”的朴素生态观念得以印证。

（二）“天人合一”理念在农业生产上的体现

乡村的“天人合一”的生态理念还体现在农业生产上。农民常常讲，种地要“不违农时”，还要“因地种植”，实质上都是农民对“天人合一”理念的朴素认识和理解。“天”在农业生产中主要包括光照、热量、水分、气等多种自然气候因素，它们随着季节的变化而呈现出不同的状态，其特征以“时”来喻示，这便构成了农业生产中重要的节气、农时等概念，“不违农时”正是强调了农民的农业劳动需要与生物节律及自然气候的变化相吻合的要求。“地”则指的是地理位置、地形地貌、土壤特性、肥力等多个要素的综合，这些要素对农作物的生长起着非常关键的作用。“因地种植”就是强调农民应当根据不同的地势地形和土壤条件合理安排农作物的种植。此外，农民还特别注意对土地肥力的保持，休耕、间种及轮作等一系列乡土农技在乡村的农业生产中被实践和传承。“人”则以农业生产的主体身份出现，农业生产的整个过程其实就是通过农民的劳动去协调自然环境和动植物的关系，农业生态是否能够得以良性运行在很大程度上受制于农民的思想观念。农民在农业生产认识和利用天时、地利的同时，还特别强调“物性之宜”，即要求针对“物性”的特点来协调农作物与环境之间的关系。“物”在农业中具体指各种农业生物有机体，种植何种作物，养殖哪种动物，在什么时候种植什么样的作物，都要符合当地具体的气候条件和自然资源状况。这样一来，农民在劳动过程中把所持的“天人合一”理念通过对天、地、人、物的分别审视勾勒出了一个清晰的轮廓。“天人合一”的生态理念也成为传统农业几千年来长盛不衰的思想基础。

在人们越来越远离自然的今天，在乡村却可以观察到人类的生产与自然之间似乎有一种和谐共存的可能。从农业劳动中我们发现，农民作为农业劳动者，他们以“园丁者的姿态而并非统治者的姿态”，顺应自然、照顾自然。在农民日常的农活实践过程当中，他们所遵循的基本规则从来都是围绕着“天时、地利、人力、物宜”这四点展开的，“天、地、人、物协调统一”的发展观自始至终贯穿于乡村传统农业的主导思想观念中。

正因为乡村存在“天人合一”的生态理念，当我们越接近乡村、亲近农业，越能体会到我们每一天的生活都接受着自然的供养、恩赐；同样的道理，越是疏远农村、远离农业，就越难以理解自然在生活中扮演的重要角色，甚至走向对自然的破坏。所以，农民比较能够理解珍惜土地的真正意义与重要性，而对生活在都市里的人来说，珍惜土地常常不过是一种政治口号与虚无感受。

乡村的生态价值不仅表现在农业生产、环境保护、乡村建筑等领域，还表现在乡村生活中的方方面面，如低碳生活方式、与大自然节拍吻合的生活节奏、循环利用等，更体现为乡村文化和人们的信仰。正是从这个意义上说，乡村为中国生态文明建设提供了模板。

三、“天人合一”理念在新时代乡村生态文明建设中的启示

（一）优化产业布局，大力发展绿色循环经济

“天人合一”思想强调整体性思维，即人和自然是同一的，构成“一荣俱荣、一损俱损”的利益共同体。老子最先表达了“天人合一”的观念，他说“人法地，地法天，天法道，道法自然”，认为人和天都要遵循自然之道。他还指出“夫物芸芸，各复归其根。归根曰静，静曰复命，复命曰常，知常曰明”，体现了万物从自然中来又复归自然的思想。庄子进一步提出“人与天一也”的说法。北宋哲学家张载在前人学说的基础上，明确提出“天人合一”的命题，他认为“儒者则因明至

诚，因诚致明，故天人合一，致学而可以成圣”。这里“诚”指天道，明指“人性”,“诚明”就是天道与人性的同一，人通过致学可以达到“天人合一”的圣人之境。从古人对“天人合一”的论述来看，在中国传统文化中，人和外在的自然界是一个有机整体，不存在主客之分，人的活动要遵循自然界的运行规律——天道。

从“天人合一”思想的视域来思考当前资源型经济转型之困境，就是要在发展的理念上，真正将人和自然资源是统一整体的思想落到实处，不能厚此薄彼、顾此失彼，要将生态文明建设摆在优先地位，经济发展不能违背自然规律。所谓“天行有常，不为尧存，不为桀亡”，要按自然规律合理利用资源，绝不能“宁要金山银山不要绿水青山”，短期转型阵痛将换来长期人居环境的改善，功在千秋、造福万代。在优化产业布局上，要着眼人的生存与发展需求，以可持续开发利用为目标对资源利用进行整体长远规划，严禁私挖滥采，突出科技创新对经济的拉动作用，加强资源型产业延长链、创新链、增值链建设，提升资源利用率，还要下功夫逐步补齐对环境的历史欠账，加强资源开采区的生态修复。在新兴接续产业选择上，要着力发展绿色循环经济，紧跟国内外市场需求，因地制宜、因势利导，加强属地废物利用、特色资源开发，大力支持发展特色旅游业、传统手工业、特色农产品等，形成“一地一品”特色产业布局，实现既要“金山银山”更要“绿水青山”。

（二）法治与德治并重，强化生态道德约束力

在中国古代“天人合一”思想中，天并非仅仅指物质意义上的自然界，还往往被人格化。古人把人的道德关怀倾注于自然之中，“天”逐渐被赋予道德的寓意，“天人合一”最终成为儒家学者的终极价值追求。孔子认为天是有德的，人顺应天则有德，若人无德就要“获罪于天，无所祷也”，受到天的惩罚。孟子进一步构建了心、性、天合一的体系，他说：“尽其心者，知其性也；知其性，则知天矣。”这里的“心”即人的恻隐、羞恶、恭敬、是非四种“道德心”，性内在于心之中，通过彰显人的道德，就能达到“天人合一”的“知天”之境。《周易》中有

“天行健，君子以自强不息”“地势坤，君子以厚德载物”的名言，以此告诫人们要像天地一样发奋图强、容载万物。儒家还将“天人合一”的思想与其核心“仁”结合起来，提出“仁民爱物”的思想，把尊重自然、仁爱万物视作人类的崇高道德追求。北宋学者程颢提出“仁者，以天地万物为一体”，认为天地万物都应该“求仁”。上文提到的张载更是将天道和人性统一起来，提出“圣人”的道德标准——“为天地立心，为生民立命，为往圣继绝学，为万世开太平”，成为后代儒者最崇高的使命与毕生追求的最高人格境界。

从“天人合一”思想的道德属性出发，化解生态文明建设中的监管之困，就是要让法治与德治并重。正像习近平总书记指出的：“必须坚持依法治国和以德治国相结合，使法治和德治在国家治理中相互补充、相互促进、相得益彰，推进国家治理体系和治理能力现代化。”法治从来不排斥德治。《荀子·王制》中写道：“以善至者待之以礼，以不善至者待之以刑。”著者认为，切断污染源头，一是要在法治上用重典。习近平总书记强调：“只有实行最严格的制度、最严密的法治，才能为生态文明建设提供可靠保障。”对造成重大环境污染的企业要依法严判重判，罚就要罚得倾家荡产，进一步提高不法企业的违法成本。二是强化对企业主体的道德教化。坚持将企业的生存和发展与社会文明的进步同步推进，不断提高企业的社会责任感和知法守法的自觉性，鼓励企业投身环保公益事业，对长期守法企业、环保爱心企业建立奖励表彰、减免税收等激励机制，形成“社会爱企业，企业爱社会”的道德氛围。三是加强环保监管队伍建设。在继续加强反腐败的同时，提高政府监管人员的整体素质，推动靠“罚”为主的监管模式向以“治”为主的服务模式转变，实现向服务型政府转型，构建新时代“亲清”政企关系新生态。

（三）加强生态文明教育，营造浓郁社会氛围

中国古代“天人合一”思想的核心就是要正确处理人与自然之间的关系。孔子主张“钓而不纲，弋不射宿”。《礼记·王制》中提出“昆虫未蛰不以火田，不麛，不卵，不杀胎，不殀夭，不覆巢”的制度要

求，违者将被严惩。孟子曾给梁惠王建议“不违农时，谷不可胜食也；数罟不入洿池，鱼鳖不可胜食也；斧斤以时入山林，材木不可胜用也”。荀子也强调“草木荣华滋硕之时，则斧斤不入山林，不夭其生，不绝其长也”。《吕氏春秋》中写道：“竭泽而渔，岂不获得？而明年无鱼；焚薮而田，岂不获得？而明年无兽。”这些观点都强调人对自然的索取应取之有度、用之有节，看似是对人们行为的限制，实际上确保了人与自然的平衡和社会的可持续发展。庄子从道家主张出发，更是反对人的活动对自然的干预，主张“常因自然而不益生”，要以自然的方式对待自然，还描绘了“至德之世，同与禽兽居，族与万物并”的人与自然和谐统一的理想状态。

当前，人与自然关系紧张，归根结底责任在人，缓解人与自然的关系也必须通过改变人的观念、人的行为来实现。首先，应全面落实2018年全国生态环境保护大会精神，加强生态文明教育，解决生态文明教育资源缺乏、基础设施不到位、公共教育平台和载体少、教育内容缺乏创新性等问题，采用公众喜闻乐见的形式，多创作正面形象引导、反面典型讽刺等多样的文艺作品，开展丰富多彩的教育活动和广泛的宣传，使生态文明理念进一步深入人心。其次，要重新思考人类特定的生存空间与活动边界、正确的发展方式与生活方式，改变对大自然的强势“征服”与索取，确保人类与其他物种之间保持适度张力与动态平衡，坚持山水林田湖草“生命共同体”整体保护、系统修复、区域统筹、综合治理，重新焕发“鸢飞鱼跃”的生态之美。再次，要积极倡导绿色生活方式，提倡节俭节用，减少生活垃圾总量，逐步用环保的、可重复利用的包装替代塑料袋等难降解垃圾，将垃圾分类列入政府重点工作，对垃圾分拣回收利用的企业给予无偿提供场地、无息贷款、减免税收等优惠政策；完善绿色交通出行设施，倡导绿色健康出行；出台政策支持发展生态农业，逐步减少农药、化肥的使用。在全社会要掀起轰轰烈烈的生态环境保护运动，使生态文明理念成为全民的坚定信仰，使生态环境保护成为全民的行动自觉。

第三章　生态学视角下乡村振兴的目标、原则与成就

第一节　生态学视角下乡村振兴的总体目标

党的十九大报告中提出了实施乡村振兴战略“产业兴旺、生态宜居、乡风文明、治理有效、生活富裕”的总体要求，“美丽”首次被列入社会主义强国目标之一，这也意味着将生态文明建设摆在了更加突出的位置，成为一项功在当代、利在千秋的大事和要事。农村生态文明建设作为生态文明建设的重要组成部分，在全面建成小康社会进程中起着关键作用。2018 年“中央一号”文件《中共中央国务院关于实施乡村振兴战略的意见》中进一步明确详实地提出了乡村振兴战略的目标任务，其中涉及农村生态文明建设工作的包括“到 2020 年，农村基础设施建设深入推进，农村人居环境明显改善，美丽宜居乡村建设扎实推进；农村生态环境明显好转，农业生态服务能力进一步提高。到 2035 年，农村生态环境根本好转，美丽宜居乡村基本实现。到 2050 年，乡村全面振兴，农业强、农村美、农民富全面实现”。乡村振兴，生态宜居是关键。农村生态文明建设是一项涵盖农村经济、文化、环境、资源等各个方面的系统性综合工程，其目的和意义是促进农村社会各方面的协调发展，实现广大农村的生产发展、生活富裕、生态改善。2019 年“中央一号”文

件《中共中央国务院关于坚持农业农村优先发展做好“三农”工作的若干意见》提出，要“扎实推进乡村建设，加快补齐农村人居环境和公共服务短板”，要“抓好农村人居环境整治三年行动”“加强农村污染治理和生态环境保护”。以党的十九大报告和历年“中央一号”文件中涉及生态文明建设的目标要求为根本遵循，农村生态文明建设的目标可概括为农业生产实现绿色发展、农村人居环境持续优化、生产生活方式根本转变、农民文明程度显著提高、农村社会全面协调发展等五个方面。

一、农业生产实现绿色发展

在农村生态文明的创建过程中，引导农民自觉摒弃传统的小农意识，逐渐认识到农业农村的可持续发展和生态环境保护的重要意义，积极发展建立在自然、经济、社会、资源协调发展基础上的生态绿色高效的现代农业。在生态学理论指导下，以农村资源的持续利用、农业持续发展和生态保护为前提，对农业发展整体进行科学合理的规划。在农业生产过程中减少农药、化肥、地膜的投入，推行种养结合等方式，实现农业内部的物质良性循环。探索提高科学技术水平的方式，倡导农业供给侧结构性改革，提供高产、优质、无污染的绿色农产品，加快发展绿色产业，全面激发农业农村经济发展新动能。

二、农村人居环境持续优化

农村生态文明建设的标准之一就是村容村貌干净整洁、优美别致，生态环境状况得以改善。农村人居环境的核心是农民，需满足广大农民的居住要求，应是一个景色优美、植被茂密、空气清新、水质良好、干净整洁的健康安居之所。加强农村生态文明建设，首先从整治农村的村容村貌入手，“开展农村人居环境整治行动，统筹城乡发展，统筹生产生活生态，以建设美丽宜居村庄为导向，以农村垃圾、污水治理和村容村貌提升为主攻方向，动员各方力量，整合各种资源，强化各项举措，加快补齐农村人居环境的突出短板。还需注意因地制宜，保护、保留乡村风貌”[①]。此外，优化农民生产生活环境，打造生态宜居绿色新家园，让老百姓在享受到田园美景的同时，也享受到饮水安全、空气安全、食品安全等方面的保障，在一定程度上缩小城乡居民在人居环境方面的差距。

三、生产生活方式根本转变

生产方式决定农村发展，一方面，引导农民改变传统的生产技术。进行农村生态文明建设，农民掌握实用便捷的技术是关键。农业科技部门的技术服务至关重要，旨在提高新技能的实用率。另一方面，坚决杜绝以牺牲环境为代价的经济发展方式，逐步形成科技含量高、资源消耗低、环境污染少的产业结构和生产方式。生活方式决定生活质量。生活方式上，一方面，改变以往农民传统落后的生活方式，引导农民卫生习惯的改变。改变农村脏乱差的生活环境，破除各种陋习，通过开展多种形式的活动积极倡导健康、科学、文明的生活新方式，促进农民生活方式和卫生习惯的文明化。另一方面，提倡移风易俗，倡导生态环保的生活方式，杜绝铺张浪费、奢侈无度的不合理消费。

四、农民文明程度显著提高

村风民俗是农村生态文明建设的内在体现，在全面建成小康社会的背景下，坚持把农民生态文化的教育作为开展农村生态文明建设的灵魂贯穿始终。积极推进移风易俗，引导和教育村民改变以往红白喜事大操大办、铺张浪费的现象，改变愚昧落后的陈规陋习，自觉抵制封建迷信，形成文明健康向上的新风尚。提倡群众健康教育，普及科学文化知识，使村民具有一定疾病预防知识。加强对广大农民特别是青少年进行绿色环保理念和生态保护观念的宣传教育，形成爱护环境、尊重自然与

① 中共中央办公厅、国务院办公厅．农村人居环境整治三年行动方案．[Z].2018.

建设生态文明的社会氛围，树立生态文明意识，提高农民爱护环境、珍惜自然资源的积极性。告别过去“先污染后治理”的老路，采取固定垃圾点的设立、沼气池兴建、秸秆还田等多种方式，提高农民保护生态环境资源的自觉性。

五、农村社会全面协调发展

农村生态文明就是要在保护生态环境的基础上实现农村的绿色可持续发展，实现人与自然的协调相处。在创建农村生态文明的实践过程中，重点解决经济发展与生态环境优化不平衡的问题。采取引导农民大力发展新型农村经济的措施，帮助和引导农民发挥本地资源优势，调整农业和农村经济结构，促进农业增产、农民增收及城乡协调发展；加快农村社会事业发展，促进农村经济社会协调进步；提高农民的生态文化素质，建立科学文明健康的生活方式，促进人的全面发展；保护农村的资源环境，营造整洁优美的生活环境，促进人与自然和谐发展。

第二节　生态学视角下乡村振兴的基本原则

生态学视角下的乡村振兴，是一项规模巨大的群众性工作，涉及农村经济社会发展的各个领域，关系到农民群众的切实利益。为保证活动积极、稳妥、健康地开展，应明确一系列方针原则，使乡村振兴在生态文明思想的指导下有章可循，少走弯路，沿着正确的方向前进。

2015 年 5 月，《中共中央国务院关于加快推进生态文明建设的意见》提出“坚持把节约优先、保护优先、自然恢复为主作为基本方针；坚持把绿色发展、循环发展、低碳发展作为基本途径；坚持把培育生态文化作为重要支撑”等基本原则。2018 年 5 月 18 日至 19 日召开的全国生态环境保护大会上，习近平对新时代建设社会主义生态文明提出了“六项原则”，即“坚持人与自然和谐共生、坚持绿水青山就是金山银山、坚持良好生态环境是最普惠的民生福祉、坚持山水林田湖草是生命共同体、坚持用最严格制度最严密法治保护生态环境、坚持共谋全球生态文明建设”。

2017 年 10 月，党的十九大报告明确提出了乡村振兴战略，2018 年 1 月，《中共中央国务院关于实施乡村振兴战略的意见》出台，明确乡村振兴坚持党管农村工作；坚持农业农村优先发展；坚持农民主体地位；坚持乡村全面振兴；坚持城乡融合发展；坚持人与自然和谐共生；坚持因地制宜、循序渐进等基本原则。

农村生态文明建设是生态文明建设的重要组成部分，是乡村振兴战略实施的重要基础。以习近平提出的新时代推进生态文明建设必须坚持的“六项原则”为根本遵循，并结合实施乡村振兴战略中应遵循的基本原则，按照全面建成小康社会的要求，以创新、协调、绿色、开放、共享的发展理念为引领，应坚持为民宗旨、尊重民意，坚持生态优先、绿色发展，坚持规划引领、统筹兼顾，坚持因地制宜、分类推进，坚持德治法治、融合共治等原则，扎实推进农村生态文明建设工作有效开展，从而推进乡村振兴战略的实施。

一、坚持生态优先，绿色发展

牢固树立“绿水青山就是金山银山”的理念，把生态建设和环境保护牢牢放在首要位置，加强农村生态保护，推广绿色生产，提倡绿色生活，提升农业农村绿色化水平，实现乡村绿色发展。绿色生态农业是绿色发展的重要环节。坚持用抓工业的办法抓农业，集约利用现有农业资源，重视和依靠农业科技进步，在不增加化肥、农药使用的基础上，推动农业供给侧结构性改革，实现“数量不减、质量提高”的新状态，走内涵式发展之路，最终使农业步入绿色可持续发展的良性循环。农村绿色制造注重采用节能、环保、低碳新材料、新技术、新工艺、新装备，推进资源化利用，“形成资源节约型、生态环保型的制造业发展新格局”。[①]农村绿色生活方面着重提高农村生活垃圾、污水等治理能力。深入挖掘农村生态资源，使农村优美的自然环境、绿色有机的农产品成为农村经济建设中的独特优势，做长农村产业链条，实现生态产业的一、二、三业的产融合发展，使绿水青山变成金山银山，把“绿色+”融入农村经济社会发展各方面，努力实现百姓富、生态美的有机统一。

二、坚持规划引领，统筹兼顾

村庄规划设计的制定，对于解决农村布局无序、零乱的问题，避免重复建设现象，有着积极的作用。因此，为避免农村生态文明建设的随意性和盲目性，各级政府需要在建设启动初期抓好规划设计。强化规划的布局和引领作用，以合理配置资源和优化功能结构为切入点，对农村进行全域性科学规划、分步实施。合理配置资源的关键在于有效整合社会不同群体的各种资源，社会不同群体之间共同利益的结合点，应充分考虑各方面的承受能力，全面兼顾不同阶层的利益，动员全社会的各种力量，千方百计地支持农村生态文明建设。优化功能结构指的是调整和优化农业生态系统的产业结构，以提高农业生态系统中投入和产出的效率，使资源转化出更多更优的产品。采用多目标、多层次、多变量、多方位的综合分析，制定切实可行的农村生态文明建设规划方案，分步抓好落实，充分考虑农村与城镇的功能性差异，突出乡村特色，保持田园风貌，注重农村文化传承，防止千篇一律，力求实现以经济效益为中心、以生态效益为基础、以社会效益为着眼点的最佳组合体系。

三、坚持因地制宜，分类推进

生态学视角下的乡村振兴过程中，绝不搞“一刀切”，搞一个模式。树立因地制宜的观点，从各地区位优势、发展基础、经济状况、资

① 汪功平，吴学兵．习近平生态文明思想刍论 [J]. 安庆师范大学学报(社会科学版),2021,40(02):7−13.

源禀赋等实际出发，分类指导，有序推进，形成以点带面、全域推开的局面。实地调查为先是因地制宜的基础。在对拟开展农村生态文明建设的乡镇进行详细扎实的调查基础上，各地应坚持既立足当前又着眼于长远，制定本地区的实施方案，合理制定具体的工作目标。其中，要求根据村庄经济发展、民主管理、班子建设、人口数量、居住环境、气候条件、地理区位、生产生活等状况，将行政村划分为不同类别。不同区域、不同经济条件的村庄都开展农村生态文明建设，但是其工作重点、创建标准要依类别区分对待，差异化设定。坚持因村施策，经济富裕村、发展落后村、山区村、平原村等，提出属于自己的建设目标，形成独具特色的创建模式，使建设工作与当地农村社会各方面发展水平相适应，做到尽力而又量力而行，确保改善环境的同时又不增加农民负担。此外，方案经专家认定和村民民主讨论确定后，应划分实施步骤，依次组织推进，防止“一窝蜂”。

四、坚持为民宗旨，尊重民意

农民是乡村振兴过程中的主体。牢固树立“一切为了群众、一切依靠群众”的思想，把保护广大农村居民的根本利益作为新时代社会主义生态学思想指导下的乡村振兴工作的根本原则和基本目标。做到从群众中来，到群众中去，全心全意为人民谋利益。必须把人民利益放在第一位，坚持从与农民群众生产生活密切相关、农民群众最迫切希望解决、最能凝聚民心的问题入手，重点突破，急事先办，让农民群众得到实实在在的利益。同时激发农民的参与意识，靠自己勤劳的双手建设美好家园。深入了解农民的意愿和心理，掌握其对生态化乡村建设的认可程度及经济承受能力，对于农民群众没有认识到的、不接受的，要积极进行引导，做到“尽力而为”和“量力而行”。让农民群众充分发挥主人翁精神，所有与农民群众有关的重要事项都由农民自己参与决策、执行决策。接受农民群众的监督，提升干部的责任感，所有建设过程中的资金使用、施工招投标及工程质量都放在“聚光灯”下，公开接受村民及社会的监督，真正做到说真话、办真事、说实话、办实事，赢得群众的普遍拥护和赞赏。

五、坚持德治法治，融合共治

法律是准绳，任何时候都必须遵循；道德是基石，任何时候都不可忽视。在新的历史条件下，我们需要把依法治国基本方略、依法执政基本方式落实好，把法治中国建设好，坚持依法治国和以德治国相结合，使法治和德治在国家治理中相互补充、相互促进、相得益彰，推进国家治理体系和治理能力现代化。在实施乡村振兴战略中，同样需要健全自治、法治、德治相结合的乡村治理体系，夯实基层治理基础。

作为乡村振兴战略中的重要组成部分，农村生态化建设同样也需要坚持德治法治，融合共治。一方面，加强生态伦理道德教育，增加农民生态环境责任感，唤醒农民对于自然界的敬畏、对于生命体的尊重，倡导绿色低碳的生活方式和节能环保的生产方式。弘扬社会主义核心价值观、社会公德及个人公德，充分发挥乡绅贤士、村规民约对农村生态文明的道德教化作用，提高农村生态文明程度，为乡村法治创造优良的人文环境。同时注重在生态伦理道德教育中突出法治内涵，潜移默化地培养农民的法治意识，不断强化生态道德对乡村治理的支撑作用。另一方面，制定保护农村生态、环境、资源等方面的法律法规，健全生态法律体系，健全生态执法机构，提高生态执法人员素质，为农村生态化建设提供坚实的法治保障。及时将实践中被农民群众广泛认同、操作性强、发展成熟的生态伦理道德上升为制约公众行为和决策的法律规范。积极开展农村生态法治宣传教育，提高农民群众的法治意识，正向引导农民的生态行为，运用法治思维和方式化解农村生态文明建设中遇到的各种矛盾和问题，保障农村、农民的“生态权”。用法治手段强化对农村生态文明行为的褒奖，对失德行为的惩戒，以生态法治体现生态道德理念，引导农村社会崇德向善。

只有把法律与道德的融合、法治与德治的并用、依法治村与以德治村相结合，我国生态学思想指导下乡村振兴的宏伟蓝图才能最终由理想变成现实。

第三节　生态学视角下乡村振兴的主要成就

目前，我国基本实现了城市现代化建设目标，城乡之间的差距进一步拉大。因此，需要通过乡村振兴战略的深度落实，加快乡村现代化建设步伐。现代化建设涵盖了理念、机制等诸多方面的内容，需要在农村生活、乡村治理领域内广泛融入，方可促使农村现代化建设目标得到实现。乡村振兴战略目标具有长期性和艰巨性的特征，要求在党的领导下，人民群众、社会主体等充分参与进来，共同推动乡村崛起。和新农村建设战略相比，乡村振兴战略的标准更加严格，内容更加丰富。乡村振兴战略要求各地区从产业、生态、乡风、治理、生活等五个角度着手，推动乡村的整体发展。乡村振兴战略将农村物质生活、精神生活等不同层次的要求明确提了出来，具有较强的指导性和实践性。

就生态目标这一角度而言，“绿水青山就是金山银山”的生态文明观逐渐深入人心，现代化生态农业产业发展体系逐步形成，绿色生产生活方式逐步建立。生态治理能力显著提升，一批影响恶劣的环境污染问题得到有效解决，乡村人居环境显著改善。生态文明体制机制建设加快推进，建设制度基础逐步夯实，我国农村生态文明建设进入了新的发展阶段，取得了新时代乡村振兴的历史性成就。

一、生态文化不断丰富

生态文化是生态文明的基础工程，发展、丰富生态文化，是生态文明发展的重要组成。党的十九大报告中明确提出，要牢固树立社会主义生态文明观，推动形成人与自然和谐发展现代化建设新格局，构建以政府为主导、企业为主体、社会组织和公众共同参与的环境治理体系，促进生态环境领域治理体系和治理能力的现代化。推动我国生态文明不断进步，促进社会整体形成绿色发展方式和生活方式，持续优化生态环境，是一项系统工程，需要持续提高我国生态环境治理保护的综合实力。生态文化“软实力”是生态环境治理保护综合实力的重要组成部分，与行政手段、法治手段等“硬措施”相比，生态文化“软实力”有导向力高、吸引力强和易形成效仿效应等，是生态文明建设的重要推动力。我国将加强宣传教育、促进生态文化发展作为防治生态破坏的重要手段，经过不懈努力，农村生态文化宣传教育工作不断深入推进，推动全社会齐抓共管、共同担当，营造了人人参与生态环保的浓厚氛围。通过文化的导向、激励、凝聚等功能，生态文明建设理念逐渐成为乡村振兴工作中的共同意识。

（一）中国特色社会主义生态文明理论进一步发展完善

党的十九大明确了“建成富强民主文明和谐美丽的社会主义现代化强国”的奋斗目标，把“坚持人与自然和谐共生”纳入新时代坚持和发展中国特色社会主义的基本方略，指出“建设生态文明是中华民族永续发展的千年大计”。

2018 年 5 月 18 日，习近平在全国生态环境保护大会上的讲话（以下简称“讲话”），正是集中体现这一思想的主要理论成果的标志性文献。讲话内容是对习近平关于生态文明的系列新理念新思想新战略的系统归纳和升华，为新时代生态文明建设提供了强大的理论支撑和根本遵循。习近平提出的绿水青山就是金山银山、保护生态环境就是保护生产力等生态文明相关论述已经成为全党、全社会的共同认知，成为我国生态文明建设伟大征程中的指导思想。

与此同时，乡村生态文化是乡村文化体系的关键组成部分，是振兴乡村的动力源泉，同时也是推动农村产业发展趋于绿色化和生态化的本质要求。中国人民大学温铁军教授说，农村的自然和人文资源，具有丰富的生态文明多元化内涵。而实施乡村振兴战略和“中央一号”文件提出的“三产融合”，其主要载体就是包含着各种自然和人文禀赋的空间资源。

（二）农村生态文化宣传更加有效

在农村生态文化宣传方面，通过绿色文化引领、感染、带动，促使城乡居民思想由“要我环保”向“我要环保”的转变。国家有关部门、媒体制作一批知识性和趣味性相结合的生态文化宣传教育作品，收到了良好的宣传教育效果。比如，中央广播电视总台、国家林业局等部门拍摄的纪录片《家园：生态多样性的中国 China Wild（2018）》《绿水青山》《生态文明启示录》等生态文化宣传教育作品，通过向观众展示我国各地独特而优美的自然景观、丰富多彩的物种系统，潜移默化地向观众传递了生态环境保护观念，牢固树立“绿水青山就是金山银山”理念，引导观众保护、修复、建设家乡生态环境的积极性、主动性、创造性。

电视剧《太行赤子李保国》讲述了河北农业大学农学院教授李保国的故事，李保国教授扎根太行山 35 年，付出毕生心血，太行山 140 万亩荒山变果园，实现农民增收 35 亿元。电视剧《最美的青春》真实再现了塞罕坝林场人长达半个多世纪的艰苦奋斗，生动形象地诠释和宣传了什么是“塞罕坝精神”。电影《可可西里》讲述了记者杂玉和巡山队员为了保护可可西里的藏羚羊和生态环境，与藏羚羊盗猎分子顽强抗争甚至不惜牺牲生命的故事。电影《狼图腾》讲述了一位知青在内蒙古草原插队时与草原狼、游牧民族相依相存。电影《重返 · 狼群》讲述了野生动物画家李微漪帮助被救助的狼重返自然的故事……一批批优秀影片的问世，对人与自然关系的反思产生了良好的教育效果。此外，民间组织与个人也积极关注生态环境保护问题，创造了丰富多彩的生态文化宣传产品。

公益纪录片《饮痛》《瓦全》《呼啸的金属》对我国水环境污染和废金属拆解污染问题进行了深入的探究与思考，披露了我国环境污染问题面临的严峻形势，呼吁社会集体重视生态环境问题。这些纪录片向观众传达了正确的生态环保理念，宣传了生态文化，提高了观众对环境的风险认知，让更多的观众主动参与到生态保护的队伍中来。

（三）农村生态保护典型模范引领作用逐渐凸显

榜样的力量是无穷的，一大批在生态文明建设领域倾注大量心血的先进人物和模范人物先后获得各种国家级荣誉。在中央电视台《感动中国》评选中，2017 年感动中国年度致敬：塞罕坝林场建设者、2018 年长期致力于生物多样性研究和保护的科学家钟扬。2018 年 6 月 5 日，生态环境部发布的世界环境日中国主题是“美丽中国，我是行动者”。2018 年 12 月 18 日，庆祝改革开放 40 周年大会召开，会议宣读了《中共中央、国务院关于表彰改革开放杰出贡献人员的决定》。100 名同志被授予改革先锋荣誉称号，李保国、王有德、杨善洲等人获奖。2019 年 3 月 29 日，中央宣传部向全社会发布甘肃省“六老汉”三代人治沙造林，从“沙逼人退”到“人进沙退”的先进事迹，授予他们“时代楷模”称号。

在大力奖励支持生态文明建设先进人物和模范人物的同时，国家还接连设立了针对各项领域生态文明建设成就的奖项，生态文明建设的向心力进一步凝聚，生态文明主流价值观的感召力进一步增强。生态环境部（原环境保护部）主办创立了我国首个生态文明建设示范方面的政府奖项——“中国生态文明奖”，对在生态文明建设一线和实际工作中，对生态文明创建实践、理论研究和宣传教育等方面做出重大贡献的集体和个人进行表彰和奖励，进一步凝聚了生态文明建设的向心力，增强了生态文明主流价值观的感召力。首都文明办指导，北京青年报、北青传媒股份有限公司主办的“榜样的力量”——生态保卫军年度评选对在造林还湿、治污降霾、绿色传播、环保志愿等方面积极践行绿色发展、推进生态文明、为生态环境保护做出突出贡献的先进人物进行表彰，进一步弘扬了绿色发展理念，发挥先进典型示范引领作用，引导广大干部群众积极践行绿色生活。中国环境报社主办的“最美基层环保人”奖项对在平凡的岗位上默默奉献的基层环保工作人员进行表彰，鼓舞了环保人的士气，展示了环保人的形象，引领了社会环保风尚，对打造一支能打硬战的生态保卫军起到了积极的促进作用。环保榜样的力量引导、带动人民群众一同践行绿色发展，推进生态文明进行。

二、生态产业不断融合

生态产业建设是生态学视角下乡村振兴工作至关重要的一个组成部分，在保护生态环境与促进经济发展方面都有着不可比拟的重要作用。我国幅员辽阔，不同地区农村自然条件、人文传统和经济发展水平都有很大差异，各地区农村立足实际，依托自身优势资源，以习近平在全国生态环境保护大会上提出的建立“以产业生态化和生态产业化为主体的生态经济体系”为指导思想，走出了形形色色、各有所长的新时代乡村振兴实践发展道路。

（一）积极探索发展模式

2013年初，农业农村部在全国开展“美丽乡村”创建活动，全国各地乡村积极开展实践探索，探索出各有特色、各具潜力的农村生态产业发展道路。在第二届中国“美丽乡村”·万峰林峰会——“美丽乡村”建设国际研讨会上，农业农村部科技教育司发布了产业发展型、生态保护型、文化传承型、休闲旅游型等十大创建模式，对我国乡村生态产业建设进行了一次全面总结。2018年以来，各地各部门不断深入农村生态文明建设进程，持续为我国乡村振兴战略提供发展动力。

“绿水青山就是金山银山”理念的发源地浙江省安吉县，从2003年开始实施生态立县，关停造纸厂和煤矿，变靠山吃山为养山富山，大力实施生态修复，发展林业产业，全县森林覆盖率提高到70%以上，财政总收入年均增长超过20%[①]。河北塞罕坝在半个多世纪前还是风沙满天，没有森林，只有荒原沙地，塞罕坝林场建设者经过50多年的艰苦奋斗，建成了面积达110多万亩的人工林，绵延数十公里，生长良好，效益显

① 桂秋灵，张丝雨．“两山”思想实践下绿色发展新模式的可持续性研究——以浙江安吉为例[J]. 经济研究导刊，2020（7）：132-133+158.

著，既保护了生态，美化了环境，又创造了一大笔绿色财富[①]。浙江安吉、河北塞罕坝的成功经验，为建设绿水青山、获取金山银山提供了成功范例。

（二）积极推进生态产业化发展

生态产业化是以生态资本为研究的逻辑起点，以市场化运营与社会化生产的方式促进生态产品与服务的经济价值得以变现，从而实现产业经济与生态环境良性循环发展。早期的相关研究集中于探讨市场经济条件下生态农业产业化的原理与运营模式。近年来，在“生态产业化”机制层面，有学者逐步提出通过建立生态产品交易市场机制、对生态产品价值保值增值实现生态产业化，生态旅游作为在生态的经济价值实现方面的经典领域等思考，成为近几年生态产业化研究的热点之一。

就农业来说，生态农业是以现代生态理念为指导，将农业、生态学与经济学等基础理论全面融合，以农业产业的高效、节约、环保发展的新时代农业为全新发展方向。生态农业将发展粮食生产与多种经济作物生产，将发展第一产业与第二、三产业相结合，充分吸取传统农业的宝贵经验，积极利用现代先进科研成果，改变粗放的农业生产方式，实现资源利用节约化和效益最大化，最大限度地化解经济发展与生态环境保护之间的矛盾，促进生态环境保护与社会经济发展两方面的协同发展，实现经济效益、生态效益、社会效益三方面的共赢。将农业资源转化为全新的旅游资源，将乡村的自然景致与人文传统展现出来加以利用，从而实现农村各项资源的综合开发，高效推动农业农村的可持续发展，为农业农村发展找到一条生态环保可持续的新道路。

（三）深入推进产业生态化

产业生态化是通过仿照自然生态的有机循环模式来构建产业的生态系统，在使资源得以高效循环利用的同时，将生产活动可能产生的环境

① 李淑霞，曹耀峰．河北塞罕坝：生态文明建设的生动范例 [J]．当代贵州，2018（28）：60−61．

生态负担减轻至最小，强调产业应主动适应环境，生态与产业的渗透与融合是一个渐进的过程。在实践的基础上，学者们总结了推动产业化发展的若干措施、循环经济与绿色市场构建、循环经济工业园区建设与运营等。在积极推进生态产业化的同时，一批落后产业通过转变发展思路、技术升级等措施，成功实现绿色化发展。政府部门及企业负责人逐渐转变传统的以经济增长为主的旧观念，树立绿色发展、生态优先的新的发展理念。在发展中综合考虑生态环境的承载能力和自然资源的永续利用，以人与自然和谐发展为指导思想，实现经济效益、社会效益和生态效益的和谐统一。

三、体制机制不断完善

党的十八大以来，以习近平同志为核心的党中央立足我国生态文明建设的实际情况，着眼于长远，不断探索解决我国生态环境问题的新体制、新机制、新政策、新模式，推动我国生态文明体制机制建设不断发展完善，虽然体制机制的完善是面向我国生态文明建设全局进行的，但对乡村振兴战略的深入推进同样产生着深远的影响，并且无论是中央的顶层设计还是法律法规完善，都不乏专门保护农村生态环境的措施和规定。

（一）生态文明体制的顶层设计成效显著

十八大以来，党中央对生态文明建设顶层设计工作高度重视，各项生态文明相关政策及制度设计密集出台。

2013 年 11 月，《中共中央关于全面深化改革若干重大问题的决定》提出“建立系统完整的生态文明制度体系，实行最严格的源头保护制度、损害赔偿制度、责任追究制度”。

2015 年 4 月，《中共中央国务院关于加快推进生态文明建设的意见》出台，全面安排部署了我国生态文明建设工作，提出了到 2020 年，实现“生态文明建设水平与全面建成小康社会目标相适应”的目标。9 月，中共中央出台了《生态文明体制改革总体方案》，提出健全自然资源资产产权制度等八项制度，确立了生态文明体制建设的“四梁八柱”，搭建了生态环境保护基础性制度框架，就此，中国生态文明领域改革有了顶层设计。

2018 年 3 月，十三届全国人大一次会议通过《中华人民共和国宪法修正案》，“生态文明”被写进了宪法。将“推动物质文明、政治文明和精神文明协调发展，把我国建设成为富强、民主、文明的社会主义国家”修改为“推动物质文明、政治文明、精神文明、社会文明、生态文明协调发展，把我国建设成为富强民主文明和谐美丽的社会主义现代化强国，实现中华民族伟大复兴”。第八十九条国务院职权中第六项“（六）领导和管理经济工作和城乡建设”修改为“（六）领导和管理经济工作和城乡建设、生态文明建设”。宪法作为国家的根本大法，是我国治国安邦的总章程，至此，生态文明建设有了至高无上的法律依据，最强有力的制度保障，生态文明建设进入了新的发展阶段。

正是在这种背景下，2019 年党的十九届四中全会又从“坚持和完善中国特色社会主义制度，推进国家治理体系和治理能力现代化”的整体布局和系统框架下，再次对“坚持和完善生态文明制度体系”做出了明确要求，并从“实行严格的生态环境保护制度”“全面建立资源高效利用制度”“健全生态保护和修复”“严明生态环境保护责任制度”四个宏观维度为进一步推进生态文明体制改革、完善发展我国生态文明制度指明了方向。可以说，在制度建设上，党和国家有关生态文明建设的“顶层设计”一直在延续和不断完善。

（二）积极构建生态文明法制体系

严密的法律制度和严格的执法体系是生态文明建设的可靠保障。与环境保护有关的原有法律法规接连修订，新的法律法规持续出台，为自然环境保护的监管和执法提供了坚实的制度基础。2014 年，对第二代环境保护基本法的修订完成，保护优先、预防为主、综合治理、公众参与、损害担责的原则由此形成。全国人大常委会大力推动生态环境相关法律的修订，先后修改了关于大气污染、水污染、土壤污染、固体废物污染等各项专门法律，并颁行了《中华人民共和国环境保护税法》《中华人民共和国核安全法》等新法律。与此同时，地方生态立法工作也在加快推进。

（三）生态管理体制改革顺利实施

2018 年 3 月，根据国务院机构改革方案，设立了中华人民共和国生态环境部，将原有相关部委——国家发改委、自然资源部、水利部、农业农村部等各部委涉及环境治污领域的职责全部进行整合，组建了新的生态环境部，改变了过去多年来多个部门在生态环境治理工作方面存在的职责交叉、权责不清、权责缺位等情况，杜绝了由此带来的推诿扯皮、内耗较多、效率低下、监管不到位、“公地悲剧”等后果。在此之前，为进一步强化基层环境监管职能，2015 年 10 月，党的十八届五中全会确定，实行省以下环保机构监测监察执法垂直管理制度。2016 年 9 月，中共中央办公厅、国务院办公厅印发指导意见，部署启动省以下环保机构监测监察执法垂直管理制度改革试点工作。2018 年 11 月，生态环境部印发通知，在全国推开环保整改工作，纳入地方机构改革统筹实施，在 2019 年 3 月底之前全面完成。按照省以下环保机构监测监察执法垂直管理制度的要求，市县环保机构管理体制进行了调整，地市级环保局领导班子成员的任免由以地市为主调整为以省级环保部门为主，县级环保局成为市级环保局的派出机构，减轻了环保干部的思想顾虑和来自当地党委政府的压力；实行生态环境质量监测事权“上收”，把现有市级生态环境监测机构调整为省级环保厅（局）驻市生态环境监测机构，提高了监测数据的质量，减少了地方保护主义对生态环境监测执法的干预；实行生态环境保护执法力量“下沉”，由市级生态环境局对县级执法力量进行统一管理、统一指挥，增强了环境保护基层执法力度。

生态管理体制改革的成功实施，极大地改善了此前部门职能重叠造成的资源浪费，减少了监管死角和盲区，解决了以块为主的地方环保管理体制存在的难以落实对地方政府及其相关部门的监督责任等问题，取得了集中力量加大环境执法力度、加强监测质量、统筹解决跨区域跨流域环境问题、污染整治力度进一步加大等显著效果。

四、人居环境不断改善

改善农村人居环境是我国乡村振兴、农村生态文明建设的头一场“硬仗”。我国不断加大农村人居环境建设投入力度，多次在“中央一号”等重要文件中对农村垃圾、污水、面源污染等方面做出安排和部署。2018年12月的中央经济工作会议提出要以垃圾污水处理、“厕所革命”、村容村貌提升等工作为重点，改善农村人居环境。

（一）完善农村垃圾污水处理方式

我国很早就提出了农村生活垃圾村收集、镇转运、县处理的垃圾收集处理思路。在财力比较充裕的地区，政府通过招投标方式确定施工建设方，由政府财政出资完成农村生活污水、垃圾处理等基础设施建设，然后由政府自行运营或委托运营，这种模式的缺点是在基础设施建设时期需要短时间投入巨额资金，对财政实力薄弱的地区来说压力过大。还有一种模式是通过政府购买服务，由具备条件的企业单位进行农村垃圾污水处理工作，政府按约定支付相应费用。这种模式的优点是可以将政府的集中支付压力转化为较长年限的分期支付。2017年2月，国务院办公厅印发了《关于创新农村基础设施投融资体制机制的指导意见》，提出支持各地通过政府和社会资本合作模式，引导社会资本投向农村基础设施领域。2017年7月，财政部、住建部、农业农村部和生态环境部联合发布《关于政府参与的污水、垃圾处理项目全面实施PPP模式的通知》指出，拟对政府参与的污水、垃圾处理项目全面实施PPP模式。2018年2月，中共中央办公厅、国务院办公厅印发的《农村人居环境整治三年行动方案》指出，鼓励各类企业积极参与农村人居环境整治项目，规范推广PPP模式，通过特许经营等方式吸引社会资本参与农村垃圾污水处理项目。

近几年，我国一方面将数量化管理向质量提升转变，另一方面结合我国乡土社会特有的组织资源提高村民的参与性，实现多元共治，通过以下方法破解农村垃圾管理问题。第一，重视农村垃圾的实效性治理：实现农村生活垃圾由数量化、形式化管理向实效性治理转变。第二，利用乡土社会的组织资源提高村民主体自觉：利用乡村权威培育行动规则；依据家庭关系促进内部合作；借助熟人社会推广参与范围。第三，构建政策动态执行的实施—反馈—调整机制：保障村民的环境知情权。从目前实践来看，农村地区有乡土人情的优势，村民期望获取他人的认可，尤其是乡村权威的认同，为实现农村垃圾有效管理，坚持实效性治理的前提下，重视对村民主体自觉的培养，推动其积极参与；同时遵循政策动态执行的追踪反馈原则，获取全面的动态管理信息，依据村民实际环境需求供应资源，实现政策下沉，保证农村环境整治计划的顺利实施。

（二）大力推进“厕所革命”

厕所虽小，却关乎千家万户，可以说是衣食住行外的“第五大要素”，我国大力推进农村厕所改造，推广卫生厕所使用。2019 年 1 月，中央农办、农业农村部等八部委联合制定的《关于推进农村“厕所革命”专项行动的指导意见》出台，针对东部地区、中西部地区、偏远地区的不同经济发展水平，提出了需要达到的相应改厕标准和目标，对我国农村“厕所革命”行动提出了更高要求。截至 2019 年底，已有 20 个以上省份出台了农村户厕改造的标准文件、规范或技术导则等。

根据《中国卫生健康统计年鉴》的数据，近 20 年来，我国卫生厕所普及率不断提升，从 1996 年的 20.90% 增长到 2017 年的 80.8%。无害化卫生厕所普及率从 2006 年的 32.3% 增长到 2017 年的 62.7%。2018 年全国完成农村改厕 1 000 万户以上，2019 年上半年又新开工农村户厕改造 1 000 万户以上，农村人居环境整治各项重点任务正在稳步推进[①]。

① 马灿明，毛云峰，张健，等.我国农村“厕所革命”相关技术标准规范和实施进展[J].安徽农业科学，2020，48（20）：215-221.

（三）大力开展农村大气污染治理工作

我国在实施乡村振兴战略背景下，明确农村生态文明建设的工作思路，推动城市公共基础设施向农村延伸，支持农村能源结构的调整；激活资金要素，推动乡村生态振兴；加强部门决策、执行和督察工作，以及健全法制机制，多措并举建立起农村大气污染治理的长效机制。习近平总书记多次强调，环境就是民生，青山就是美丽，蓝天也是幸福[①]。在党的十九大报告中，污染防治被提升为决胜全面建成小康社会的三大攻坚战之一，把大气污染防治作为污染治理的重点任务之一来抓。

近些年，中央加强了对秸秆禁烧与资源化利用的顶层设计和财政扶持，农作物秸秆综合利用率大幅提升，秸秆焚烧现象大为减少。全国已初步建立起以肥料化、饲料化、燃料化利用为主，基料化和原料化利用为辅的秸秆“五化”利用模式。地方纷纷制定措施对付“秸秆难题”，比如，江苏、四川、湖北等全国农业大省均出台相关政策法规，规定了政府部门对秸秆焚烧的监管职责，以及对秸秆综合利用的引导和扶持办法，建立健全秸秆利用的绿色产业化体系，明确农业生产主体烧弃秸秆的法律责任，取得了不错的工作成效。大量农作物秸秆资源被集中回收和开发利用，减少了因秸秆焚烧产生的 CO、CO_2、SO_2、NO_2 等大量气体和空中悬浮物的排放，有效遏制雾霾，防治大气污染，产生了显著的生态效益。另外，转化为生物质能源的那部分秸秆资源，替代了煤炭燃料，节约了化石能源。

此外，散煤污染得到有效控制。近年来，针对散煤污染严重的北方地区，国家层面出台系列政策，坚持政府支持和市场化运作，通过提高天然气、电能等清洁能源的供暖比重，增加洁净煤供应，推广高效清洁燃烧炉具，推动农村能源供给侧结构性改革，开启了一场农村能源从生产到消费领域的革命，降低了散煤消费比重和污染物排放。2017 年，散

① 中共中央文献研究室．习近平关于社会主义生态文明建设论述摘编 [M]. 北京：中央文献出版社，2017：8.

煤治理大刀阔斧地进行，落后的煤矿产能继续被淘汰，劣质煤的供应大大减少。

农村和城市的大气环境保护是一个整体。聚焦农村大气污染源治理，实施“煤改气”政策，变革农村能源消费结构，不仅仅减少了农村因秸秆焚烧和散煤燃烧不彻底产生的污染物排放，改善了农村的空气质量，还使城市环境受益，降低了农村对城市区域的污染传输贡献率，减少了因大气污染造成的直接经济损失。

（四）加速发展农村可再生能源

农村能源和电力是农村经济社会发展的物质基础，大力发展农村可再生能源，一方面是对农村居民对能源、电力需求的有力补充，另一方面也有利于农村生活垃圾的收集处理，对保障农村用电需求、处理农村生活垃圾具有积极作用。农村可再生能源是指自然界中可以不断再生、直接或通过加工转换可以获得的各种能源资源。随着我国生态文明建设进程不断加快，农村可再生能源推广不断提速，在乡村振兴战略实施和推进城乡融合发展过程中的作用也日益突出。目前，我国农村大规模普遍利用的可再生能源主要有沼气和太阳能。

以山西省为例，截至 2019 年底，全省累计建成农村户用沼气 23.62 万户、沼气工程 216 处，生物质能源工程 35 处。农村沼气年产气量达 1 500 万立方米，使 23 万农户、61 万人受益，年生产有机沼肥 110 余万吨，每年可节约标煤约 1.06 万吨，减排二氧化碳 2.7 万吨。全省累计推广省柴节煤灶 9.25 万台、节能炕 19.83 万铺、节能炉具 6.42 万台。全省建立了较为完善的市、县、村三级农村可再生能源综合服务体系，11 个地市均建有市级服务站、74 个县建有县级服务站、2955 个乡村建立了村级服务网点。依托山西省农业行业特有工种 036 号职业技能鉴定站累计培训鉴定农村可再生能源利用人员 24 661 人，其中沼气生产工和物管员 22 684 人、农村节能员 1 174 人、太阳能利用工 803 人，为农村可再生能源开发利用储备了大量实用人才。

经过多年的不懈努力，我国农村可再生能源工作取得了突出的成绩，为推进社会主义新农村和“美丽乡村”建设，实施乡村振兴战略发挥了积极的作用。

第四章　生态学视角下的乡村公共环境建设

第一节　乡村基础设施与公共服务设施的生态建设

一、乡村基础设施与公共服务设施的生态建设内涵

我国新农村建设战略中的乡村基础设施与公共服务设施主要包括农业生产性基础设施、农村生活基础设施、生态环境建设和农村社会发展基础设施。如果按照服务的性质划分，乡村基础设施与公共服务设施可以分为生产性基础设施、生活性基础设施、人文基础设施及流通性基础设施。也有学者对其进行进一步细化，包括交通、水利、农村电力和农村能源、农业产业和农村市场、环境生态、文卫教建设、文化体育建设、广播电视建设、村部建设等。此外，乡村基础设施与公共服务设施建设是新农村建设规划的重要内容，也是农业和农村发展的有力支撑。乡村基础设施与公共服务设施的生态建设可以有效落实国家政策，为农业增产、农民增收、农村繁荣注入强劲动力，并有利于推进乡村振兴战略的稳步发展。

党的十九大报告从经济社会发展全局的高度创造性地提出了乡村振兴战略，要求坚持农业农村优先发展，按照产业兴旺、生态宜居、乡风

文明、治理有效、生活富裕的总要求，建立健全城乡融合发展体制机制和政策体系，加快推进农业农村现代化。从五大要求的实现路径来看，乡村基础设施和公共服务是乡村振兴总体任务的强力支撑，是实现农业强、农村美、农民富的重大抓手，将贯穿于农业农村现代化的全过程。为深入落实党的十九大精神，中共中央、国务院发布了《乡村振兴战略规划（2018—2022年）》（以下简称《规划》），从《规划》结构来看，乡村基础设施和公共服务是乡村振兴战略的重要组成部分，《规划》着眼于推进城乡一体化和农业农村现代化目标，对基础设施建设和公共服务供给指明了方向，部署了新任务，同时配套了一系列重大工程和行动计划，对农业农村发展有着重大而深远的影响。

二、乡村基础设施与公共服务设施的生态建设的意义

（一）是全面实现乡村振兴的关键所在

长期以来，乡村基础设施建设和公共服务对农村经济社会发展产生了巨大的直接效应和间接效应，是推动农业农村发展的动力引擎。《规划》将乡村基础设施建设和公共服务供给摆在了突出地位，充分体现了党和国家对农业农村基础设施建设和公共服务的高度重视。

第一，乡村基础设施建设和公共服务是产业兴旺的基本要素条件。乡村基础设施建设、公共服务体系建设、科技创新推广、人才是引导现代农业产业园、特色农产品优势区、农产品加工区等载体中产业集聚发展的基本要素，也是推动产业融合发展的重要基础。

第二，乡村基础设施建设和公共服务是“美丽乡村”建设的重要平台。建设生态宜居的美丽乡村，不是简单的村庄房屋建设，而是既需要加强硬件设施建设，也需要加强软件条件改善，既要美化农村生态环境，又要加强农村路、水、电、气、网等基础设施建设，更要提高公共服务供给水平。

第三，乡村基础设施建设和公共服务是乡风文明的阵地保障。乡风

文明迫切需要大力发展农村公共事业，加快发展农村文化教育事业，加强农村公共卫生、基本医疗服务、社会养老保障建设，从而塑造良好和谐的乡风乡俗。

第四，乡村基础设施建设和公共服务是治理有效的后盾支持。建设服务型政府，必然要求强化政府的公共服务职能，既要完善基层治理基础设施，更要促进县乡级服务功能向乡村延伸，为乡村治理提供坚实基础。

第五，乡村基础设施建设和公共服务是生活富裕的动力来源。习近平总书记多次强调："小康不小康，关键看老乡。""生活富裕"在本质上是要增加农民收入，让农民富起来。这就需要为农民修好进村的路、搭好创业就业平台、做好现代科技服务、提供农业技术培训等，广开农民致富财源，形成促进农民增收的长效机制。

（二）是乡村振兴要解决的重点问题

当前，跟全面实现农业农村现代化要求相比，乡村基础设施供给与现代农业发展需求不匹配，公共服务供给还不能满足农民的美好生活需要。《规划》提出，继续把基础设施建设重点放在农村，持续加大投入力度，加快补齐农村基础建设短板，促进城乡基础设施互联互通，推动农村基础设施提档升级。继续把国家社会事业的发展重点放在农村，促进公共教育、医疗卫生、社会保障等公共服务向农村倾斜，初步建立健全全民覆盖、普惠共享、城乡统一体的公共服务体系，推进城乡基本公共服务均等化。可以看出，解决好基础设施建设和公共服务供给问题将是实施乡村振兴战略规划的重点问题。

三、乡村基础设施与公共服务设施的生态建设路径

（一）建设理念

1. 生态文明观

乡村环境作为以自然生态为主的环境，要积极改善和优化人与自然

的关系，建设良好的生态环境。生态文明定位于人类保护与恢复自然、实现自然生态平衡的基础上，以保护与恢复包括人类在内的自然生态系统的平衡、稳定与完整为奋斗目标的一切进步过程和积极成果。2015年颁布并实施的《美丽乡村建设指南》提出要对村庄山体、森林、湿地、水体、植被等自然资源进行生态保育，保持原生态自然环境。

2. 因地制宜

因地制宜，分类指导。依据不同地域乡村的经济社会发展水平制定不同的发展目标。根据实际情况和发展需要分别确定村庄的布局和各类基础设施、公共服务设施规划，不搞一个模式"一刀切"。

秉承远近期结合、切实可行的原则。村庄规划要密切结合当地实际，根据各地经济社会发展水平，实事求是，量力而行。规划布局要结合当地自然条件，合理继承原有的布局结构、空间形态，保护具有一定历史价值和文化价值的建筑物、古树名木、标志物，体现各地不同的民俗风情，突出地方特色。

对于乡村基础设施与公共服务设施规划建设的因地制宜需要尊重各设施的现状，可以改造升级的就避免大拆大建，各类管线的走向也要充分考虑地形地势，以自重管为主、减少压力管铺设。

3. 系统论

（1）整体性：系统的整体性指乡村系统是作为一个由诸多要素结合而成的有机整体存在并发挥作用。简单来说，就是系统具有其部分在孤立状态下所没有的整体特性。整体论主张一个系统中各部分为一个有机整体，而不能割裂或分开来理解。从整体性出发，要求生态乡村规划设计需将乡村人口、资源、生态、环境、产业等视为一个整体，做好各专题的统筹规划。

（2）前瞻性：所有村庄规划编制导则都要求远近结合，并且图纸要求也会有分期建设，而对未来的预测及规划同样应当重视。

乡村基础设施与公共服务设施的生态建设应结合本地条件和经济发展水平，本着"量力而行、规模适度、经济适用、适当超前"的原则进行，要积极推广先进、适用的科技成果，取得节地、节能、节材、节水的实际效果。

（3）协调性：乡村基础设施与公共服务设施的生态建设要全面考虑乡村发展、农村居民需求及各类专项规划。因此，必须从各个方向整体考虑，协调乡村各部门的需求，要使乡村生产过程的各阶段、各环节等协调配合，紧密衔接。

（二）建设要点

1. 乡村生活性基础设施

（1）给水、排水及污水处理设施：乡村的水源主要来源为地下水、泉水、自来水。地下水和泉水的供水方式是集中采水，再布置管线连接至有需要的地方。一般仅有城镇附近的乡村或者水厂附近的乡村才会采用自来水厂集中供水。北方乡村分布较为集中，因此连接水管至各村的难度及费用较少，可采用自来水厂集中供水的方式。但是南方及山区乡村的分布较为零散、距离较远，不适合采用自来水厂统一供水，因此地下水及泉水作为水源的较多。

乡村一般生活性废水普遍经污水处理池处理再经排水管网排入附近的农田、绿地、水系等，但工业废水及养殖废水经一般的污水处理池并不能完全处理，需配置对应的处理池或小型的污水处理厂。

（2）乡村沼气设施：乡村在能源结构上与城镇的主要区别在于多数乡村有一定规模的养猪产业。为高效利用各种能源，并减少粪便对周边的污染，可合理布置沼气池，免费为附近乡村居民提供沼气，并结合煤气成为乡村主要的能源。

（3）道路设施：乡村的道路交通规划可参考城市道路交通规划设计规范，但不可照搬城市的道路交通系统，并且可以参考海绵城市的道路设计，以有效解决雨水处理与利用。

1）道路规划设计原则

①尊重乡村现状道路结构：结合乡村现状道路结构和乡村功能布

局，建设规划设计各自独立又紧密联系的生态乡村道路结构，以减少道路对步行环境、居住环境、公共活动空间的影响，并且结合上位规划的道路结构，从而保障乡村对外联系的便捷性。

②保障街巷尺度与开放空间：调研发展，较多乡村现有集中居民点存在建筑质量较差、环境质量较差、绿化率较低等问题。但也有很多乡村的街巷内部尺度宜人，街道收放有致，具有丰富的生活气息。规划中应对此类街巷空间最大限度地保留，并结合道路布置公共活动空间，保障开放空间有序使用。

③步行系统规划：乡村居民点内部交通应以人行为主，步行体系的构建主要依托居民点内部道路系统，同时结合道路绿化及路旁绿化带的设置，提高绿化率并且丰富道路景观。通过步行系统的串联形成完整的、无车行干扰的步行网系统。

2）道路交通系统规划设计

乡村道路交通系统规划设计的要点是通过整合乡村各级道路，改造乡村土路，建造宅前步行硬化路面道路等，形成环式与尽端式相结合的路网形式。

①道路分级：规划应结合相关规范要求及乡村道路的情况，将乡村道路分为以下四级。

过境道路：乡村重要的对外交通联系道路。

乡村主要道路：主要是用于各项用地之间联系的道路，内部联系各用地之间车流和人流的主要道路。

乡村次要道路：各用地内的主要道路，以更新改造为主，拥有完整道路网，用地内部供车辆及行人通过的主要道路。

宅前道路：各居民点内部联系乡村次要道路与各乡村居民住宅人口的道路。

②道路类型：结合村庄的实际及乡村居民日常生活的特点，规划乡村道路分为生活型及生产型道路两种类型。

生活型道路：主要满足乡村居民日常生活出行的需要，同时也是乡村居民日常交流的重要场所，是充满生活气息的道路。生活型道路的特点是交通流量较为稳定且应考虑安全防护。

生产型道路：主要满足乡村居民生产活动的需要，道路等级为村庄主要道路。生产型道路的特点为农忙时节交通流量较大且应满足农畜机械及运输车辆的通行要求。

2. 乡村社会发展基础设施

生态乡村的农村社会事业发展基础设施主要包括农村义务教育、农村卫生、农村文化设施等。

（1）乡村义务教育设施：乡村义务教育主要包括幼儿园、小学，少数乡村会配置中学。在多个省市的乡村规划导则中明确规定了乡村规模等级及需要配置的教育设施类别、占地面积等具体内容。因此，需要根据当地乡村的具体情况结合相关法律法规、技术规范与标准具体配置农村义务教育类基础设施，尽量避免重复配置、过度配置或配置缺失等问题的出现。

（2）乡村卫生设施：乡村卫生设施主要指卫生站（室）。与农村义务教育设施相似的是，多个省市的乡村规划导则同样制定了具体的配置标准，如长沙市公共服务设施项目规定明确了卫生站（室）建筑面积控制指标为 0.06 到 0.27 米 ^{2}/ 户，设置要求为可与其他公建合设。

（3）乡村文化设施：乡村文化设施主要指文化站、党政宣传栏及老年人活动站，多布置于村委会附近，或与其他公建合设，通常伴有小型广场。如天津市村庄公共服务设施的配置标准中明确规定了中心村、基层村均需布置文化站以丰富农村居民的精神生活。

3. 防灾减灾类设施

乡村防灾减灾设施主要包括消防、防洪排涝、防震减灾、防地质灾害、气象灾害防御等类型。对于乡村防灾减灾，应按照“预防为主，防、治、避、救相结合”的原则，保护村民生命和财产安全，保障村庄建设顺利进行。

（1）防洪设施：乡村的防洪规划应按现行的国家《防洪标准》的有

关规定制定。乡村的防洪：设施一般达到10—20年一遇标准，并根据具体情况制定。乡村的防洪规划应与当地的江河、水库、农田水利设施、绿化造林等规划相结合，统一整治。

例如，山东省、安徽省有规定，在对以邻近大型工矿企业、交通运输设施、文物古迹和风景区等为防护对象的村庄，当不能分别进行防护时，应按“就高不就低”的原则，按现行的国家防洪标准有关规定执行。

（2）消防设施：乡村应按规范设置消防通道、消防供水设施，尤其是在主要公共建筑及集中的居民点应配置消防设施。各类消防设施的配置需考虑死角问题，避免出现消防设施覆盖死角，充分保障乡村的消防安全。

（3）防地质灾害设施：乡村应在规划设计时考虑当地地质情况，在远离有地质灾害的地区进行集中的居民点选址，对现有存在地质灾害隐患的居民点进行搬离，并提出地质灾害防治目标和治理措施。

乡村的防灾减灾应与乡村的公共空间相结合，如村委会、学校等有开敞空间的用地可作为主要疏散场地，并结合卫生室保障救援，同时乡村的主要道路一般为疏散通道及救援通道。

乡村基本公共服务设施属于满足农村居民的生活底线控制的配置，是为了确保乡村居民的最低生活保障。因此，在布置该类设施时，需要考虑未来发展规模，预留扩张公共服务设施能力的用地。此外，在选择公共服务设施布点时，要充分考虑整个乡村。中心村更要考虑周边乡村的需求，结合各服务设施的服务半径及结合道路交通系统，最大化利用各服务设施，避免重复浪费。

（三）政策保障机制

1. 统筹城乡，平衡资源分配

本着社会公正公平的原则，正确对待城乡发展需求，统筹公共资源，促进城乡一体化发展。由区县政府或相关部分对财政资源统一分配，根据城乡各自的实际需求，合理分配，把切实解决群众需求放在首位，确保乡村公共服务设施配置的资金投入，改变城乡之间公共服务设施的差距，提高乡村基础设施与公共服务设施的生态建设水准和服务质量，保证乡村居民在公共服务供给方面得到公正对待。

2. 明确政府公共服务设施供给责任与权责

现阶段，我国主要由政府作为向乡村地区提供公共服务的主体，各级政府均要承担设施建设的权利和责任，满足乡村居民的公共服务需要。这样的供给形式过于单一，同时，缺少明确各级政府权责的法规文件。因此，在进行乡村基础设施与公共服务设施的生态建设时，造成各级政府权责不明、执行力差，导致构建乡村公共服务网络进程缓慢。要加快完善乡村公共服务体系，合理完成公共服务设施配置，就要先明确政府的权责义务。

第一，了解各级政府与相关部分之间的权利与管辖范畴，从而明确各级政府的权责义务，对政府部门中与公共服务供给相关的权利进行整合，提高行政执行力。更重要的是，乡村基础设施与公共服务设施生态建设的资金来源，中央、省市、县镇等各级政府所应承担的支出比例，形成有效机制，确保公共服务设施配置的资金来源稳定。

第二，加强监督力度。设立监督机构，负责各部门监督工作，确保公共服务设施建设资金的使用和落实。

3. 编制切实可行的规划技术规范并及时更新

乡村基础设施与公共服务设施的生态建设并不能一蹴而就，随着时间的推移与实际情况的变化，需要不断更新。为确保乡村基础设施与公共服务设施的生态建设符合发展需要，需要有关部门根据当地的发展需要，编制切实可行的规范标准，指导乡村基础设施与公共服务设施的生态建设工作，并定期进行评判，对需要改动的部分进行针对性修正，确保规范标准的可操作性与时效性。

4. 改革传统参与模式，实现多元化供给机制

在乡村居民对基础设施与公共服务设施需求日益强烈的形式下，单一由政府作为乡村公共服务供给主体的形式已经不能满足乡村发展的需

要，必须做出改变，由政府供给的模式转变为政府、企业、民间组织等多方参与的多元化供给模式。在新的供给模式中，要形成明确的机制框架，明确各方的权责与参与范畴，以免造成冲突与资源浪费。根据各类公共服务的特征属性加以分类：教育、医疗、社会福利等关乎民众根本利益与社会和谐发展的公共服务，仍然以政府作为供给主体，同时有限引入社会资本加以辅助强化；而如商业、娱乐、文体服务等可形成经济收入的服务设施，可以由政府制定规范要求，通过公开招标等形式吸引社会资金参与建设，或由当地居民参与，并且政府给予一定政策优惠，调动民间力量的积极性。在建设过程中，寻找利益均衡点，让参与各方相互结合、优势互补，最终形成稳定的多元化公共服务供给模式，助力乡村公共服务事业高效发展。

5. 加强公众参与，优化决策机制

乡村基础设施与公共服务设施生态建设的核心目的是解决当地居民的实际需求，而传统的由政府“自上而下”的单向决策机制，在乡村社会发生巨大社会变迁的形势下，已经难以保证公共服务设施与居民的实际需要相吻合，造成不必要的资源浪费。因此，必须建立双向的决策机制，通过村委会、社区委员会等基层管理机构将居民的需要有效反馈给相关决策部门，在对乡村地区基础设施与公共服务设施进行生态规划布局的过程中，要深入当地进行调查研究，听取当地居民的意见需要，确保相互之间沟通渠道的畅通。同时，在规划建设的各个阶段，积极引导公众参与，公开规划建设各个环节，保证民众的知情权，使公共服务设施能够切实满足居民的生活需要。

6. 引入先进管理理念，建立有序的管理机制

乡村基础设施与公共服务设施的生态建设不仅包括公共服务供给与设施配建，还包括设施建成后的管理运行。公共服务设施的管理运行关乎公共服务体系末端的实际使用环节，是重要的组成部分，必须要有所加强。

第一，引入服务人员培训考核机制。要重视公共服务设施管理和服

务人员的专业水平，定期选派人员进行专业培训，提升专业水平。同时，引入考核机制，制定考核内容与惩罚机制，确保公共服务队伍的整体素质。

第二，引入先进的管理理念。部分公共服务设施可以尝试改变政府承担设施管理角色的情况，引入其他市场角色，与政府派出部分人员进行合作，形成新的管理机构，由政府进行监督，提高公共服务设施的市场竞争力。

第二节　乡村环境的生态建设

一、乡村环境生态建设的内涵

乡村环境建设是全面建设小康社会的重要内容和优先发展领域。随着城乡一体化的发展，乡村环境建设的研究内容不断延伸与拓展，乡村环境建设成效明显。但是，随着城乡一体化进程的推进，乡村环境建设也面临着严峻考验，多数乡村生态环境逐步趋于恶化，乡村环境保护和管理的法律法规不健全，出现了农业生产和居民生活排污、工业污染加剧等问题，影响和制约着乡村现代化发展进程，威胁着广大人民群众的身心健康。

党的十九大报告指出，我国进入了中国特色社会主义新时代，社会主要矛盾已经转化为人民日益增长的美好生活需要和不平衡不充分的发展之间的矛盾。“美好的生活需要”包括人与自然的和谐共生，因此，只有正确认识和妥善处理人与自然的关系，才能实现我国经济的长期性发展、可持续发展，所以党和国家根据我国新时代的具体国情，提出要实现生态产品从量到质的飞跃，以满足人民日益增长的美好生活需要。习近平总书记在十九大报告中指出：“人与自然是命运共同体，人类必须尊重自然、顺应自然、保护自然。人类只有遵循自然规律才能有效防止在开发利用自然上走弯路，人类对大自然的伤害最终会伤及人类自身，这是无法抗拒的规律。”在中国特色社会主义新时代，贯彻我们建设的社会主义现代化不仅仅是经济迅速发展带来的物质文明现代化，还包括人与自然和谐共生的生态文明现代化。为实现生态文明现代化，必须认真贯彻绿色发展、低碳发展的生态理念，自上而下的提高全民族保护生态环境的自觉性和主动性，在全国范围内增强保护自然的自觉意识。同时为进一步恢复生态环境，加快生态文明体制的改革，建立生态文明制度体系，以法的形式监督、促进生态文明的改革和建设。习近平总书记在十九大报告中指出：“建设生态文明是中华民族永续发展的千年大计……像对待生命一样对待生态环境。”生态文明建设事关我国伟大梦想的实现，是利在千秋的关键一步。加强生态文明建设、实现生态文明现代化不仅仅是建设美丽中国的必然要求，更是实现“两个一百年”奋斗目标的必然要求。

二、我国乡村生态环境存在的问题

（一）农民环境保护和治理意识薄弱

农村环境的保护和治理工作需要多方力量共同努力，政府相关部门和农民不是互为替代者，而是共同参与者。政府是主导者，但是，在生态环境问题上不能也不可能独自承担，这就要求农民积极地参与进来。农民不关注生态问题主要体现为：首先，政府在治理生态环境问题时，农民采取坐视不管的态度，如同局外人。其次，由于环保意识差，大多数农村生产生活方式比较粗放，对资源利用不合理，肆意焚烧秸秆、随意堆放生活垃圾，污染空气和当地水资源，使得很多乡村呈现“脏乱差”的现象。最后，农民在农业生产中首先考虑当前利益，忽视环保的长远利益，为了在农业种植中获得更大利润，很多地方进行大水漫灌，导致土地盐碱化；肥料和农药的不科学使用破坏了土壤成分，污染珍贵的水资源。总之，农民在生产生活中淡薄的环保意识带来一系列问题，需要社会重视。

1. 地方企业单一追求自身利益

企业的私有性不同于政府的公共性，企业追求的是自身利益的增加。主要体现在两个方面：一是一些高污染企业在经营过程中明知不可为而为之，为取得高利润，肆意排放废气废水，污染当地土地和水域，不采取任何设施减轻污染，为取得更高收益，破坏生态平衡。二是农村企业多为小微企业，资金匮乏，企业资金周转困难，企业技术及设施落后，没有能力治理生态环境问题。另外，一些企业受利益驱动，缺乏社会责任感，不愿增加经营成本，面对自身造成的生态问题，不想投入大量资金治理。

2. 相关资金投入和技术支持不到位

（1）农村生态环境治理的资金匮乏：虽然环保意识不断提高，但是农村环境治理相关的基础设施仍旧匮乏，一度出现短缺，对农村环境的改善产生了不利影响。相对于城市、县城来说，广大乡村环境保护设施匮乏，一些地方仍然处于空白状态。在提出农村要实行乡村振兴战略以后，中央不断加大财政对于生态环境的倾斜力度，但现实污染状况堪忧，加上污染情况复杂多变，农村生态环境治理的资金缺口依旧很大，在污水处理等方面仍旧需要较多的资金支撑。由此可见，国家和当地政府在这方面资金投入太少，资金的短缺成为农村生态环境治理的一大困境。

（2）农村生态环境治理的技术力量薄弱：在农业种植方面，农作物种植以及废弃物转化方面的技术水平低。以秸秆还田为例，现在还有很多农村地区实行焚烧秸秆或者直接粉碎的方式处理秸秆，缺乏农业上的秸秆还田技术。焚烧和粉碎后的秸秆不利于农作物的生长，然而，实行秸秆还田不仅不会污染农村的空气，还可以提高土壤的肥沃程度，而且可以间接提高农作物的产量。在农村生活环境方面，污水和垃圾污染严重。对生活污水治理而言，尽管目前已经有了一些农村污水治理的技术，但这些技术缺乏规范化和标准化。

（二）基层政府角色错位和缺位明显

虽然国家制定环保政策，要求地方基层政府严格贯彻执行，但是基层政府却存在严重的角色错位和缺位现象。主要体现在三个方面：首先，盲目追求当地经济发展，违背绿色发展理念。绿水青山就是金山银山，基层政府环境治理理念差，单一追求金山银山的经济目标，忽视绿水青山的治理与保护的生态目标。其次，基层政府内部权责不清。在对农村生态环境进行保护时，难以做到专人专责，权责存在错位，导致环境治理工作出现漏洞。最后，基层乡镇政府间没有树立共同治理理念。农村面临的生态问题由来已久，甚至某一生态环境问题可能会涉及不同的区域，政府单方面的治理可能会浪费大量时间、人力及资金成本，由此会降低政府在环境问题治理上的成效，造成环境问题治理路径堵塞。在基层，部分政府在污染防治工作方面存在缺位的问题。农村环境污染治理不仅需要政府各部门统筹兼顾，还需要基层做好有力的衔接，促使治理成效落地。实际操作过程中，存在的一些不作为、精神懈怠、互相推卸责任的现象也会在一定程度上造成农村环境污染问题。

（三）相关法律和机制不健全

1. 农村生态环境治理的法律体系不完备

就目前而言，我国农村环境保护相关立法相对滞后，现有的法律尚且不能应用于生态环境治理领域的各个方面，这成为农村生态环境改善的障碍。习近平总书记多次在公开场合提及当前的农村生态环境之所以受到严重破坏，很大程度与我们未健全的法制体系有关。法律法规上的短板成为治理的一大困境，集中体现在两点上：首先，生态环境相关法律的漏洞使得破坏生态环境的组织和个人钻法律空子，这会促使不法分子逃避法律应有的惩处，进而影响生态环境治理取得良好效果。其次，农民意识和素养比较低，没有树立保护环境的理念。最后，农民政治法律素养不够高，不能真正行使自身的监督权，对政府治理环境问题的行政行为和企业生产经营行为缺乏及时监督。因此，农村相关法律的缺失和农民法律意识的淡薄成为环境治理的重中之重，这就要求党和政府将相关法律建设摆上日程。

2. 农村生态环境治理的相关机制不健全

首先，科学完善的监督和评估机制未确立。由于农村生态的治理涉及范围大，需要完成的任务很多，一些政府部门和政府官员没有真正落实环境治理的举措，为官却不作为现象严重，使得生态环境治理成效不佳。在治理过程中需要有效的评估和监督机制。

其次，农村生态治理的参与机制还不完善。农村生态治理的主体是广大农村居民，但是在实际运作中，各级政府及其职能部门却成了农村生态治理的主体，而真正应该成为主体的农民却游离于农村生态治理行动之外。农民的参与意识不强与农村没有确立生态环境治理的参与机制有关，公众参与机制有利于协调、规范、督促农民参与当地生态环境治理，为生态建设和乡村振兴贡献自身力量。

三、乡村环境生态建设体系的形成

（一）增强乡村生态环境保护的使命感

各级农业农村部门要深入学习贯彻习近平总书记生态文明思想，切实把思想和行动统一到中央决策部署上来，深入推进农业农村生态环境保护工作，提升农业农村生态文明。要深刻把握人与自然和谐共生的自然生态观，正确处理“三农”发展与生态环境保护的关系，自觉把尊重自然、顺应自然、保护自然的要求贯穿到“三农”发展全过程。要深刻把握“绿水青山就是金山银山”的发展理念，坚定不移地走生态优先、绿色发展新道路，推动农业高质量发展和农村生态文明建设。要深刻把握良好生态环境是最普惠民生福祉的宗旨精神，着力解决农业面源污染、农村人居环境脏乱差等农业农村突出环境问题，提供更多优质生态产品以满足人民对优美生态环境的需要。要深刻把握山水林田湖草是生命共同体的系统思想，多措并举、综合施策，提高农业农村生态环境保护工作的科学性与有效性。要深刻把握用最严格的制度、最严密的法治保护生态环境的方法路径，实施最严格的水资源管理制度和耕地保护制度，给子孙后代留下良田沃土、碧水蓝天。

（二）推进农业绿色发展的重大行动

推进化肥减量增效。实施果菜茶有机肥替代化肥行动，支持果菜茶优势产区、核心产区、知名品牌生产基地开展有机肥替代化肥试点示范，引导农民和新型农业经营主体采取多种方式积造施用有机肥，集成推广化肥减量增效技术模式，加快实现化肥使用量负增长。推进农药减量增效，加大绿色防控力度，加强统防统治与绿色防控融合示范基地和果菜茶全程绿色防控示范基地建设，推动绿色防控替代化学防治，推进农作物病虫害专业化统防统治，扶持专业化防治服务组织，集成推广全程农药减量控害模式，稳定实现农药使用量负增长。

推进畜禽粪污资源化利用。根据资源环境承载力，优化畜禽养殖区域布局，推进畜牧大县整县实现畜禽粪污资源化利用，支持规模养殖场和第三方建设粪污处理利用设施，集成推广畜禽粪污资源化利用技术，推动形成畜禽粪污资源化利用可持续运行机制。推进水产养殖业绿色发展，优化水产养殖空间布局，依法加强养殖水域滩涂统一规划，划定禁止养殖区、限制养殖区和养殖区，大力发展池塘和工厂化循环水养殖、稻渔综合种养、大水面生态增养殖、深水抗风浪网箱等生态健康养殖模式。

推进秸秆综合利用。以东北、华北地区为重点，整县推进秸秆综合利用试点，积极开展肥料化、饲料化、燃料化、基料化和原料化利用，打造深翻还田、打捆直燃供暖，秸秆青黄贮和颗粒饲料喂养等典型示范样板。加大农用地膜新国家标准宣传贯彻力度，做好地膜农资打假工作，加快推进加厚地膜应用，研究制定农膜管理办法，健全回收加工体系，以西北地区为重点建设地膜治理示范县，构建加厚地膜推广应用与地膜回收激励挂钩机制，开展地膜生产者责任延伸制度试点。

（三）着力改善农村人居环境

各级农业农村部门要发挥好牵头作用，会同有关部门加快落实《农村人居环境整治三年行动方案》，以农村垃圾、污水治理和村容村貌提升为主攻方向，加快补齐农村人居环境突出短板，把农村建设成农民幸福生活的美好家园。加强优化村庄规划管理，推进农村生活垃圾、污水治理，推进“厕所革命”，整治提升村容村貌，打造一批示范县、示范乡镇和示范村，加快推动功能清晰、布局合理、生态宜居的美丽乡村建设。发挥好村级组织作用，多途径发展壮大集体经济，增强村级组织动员能力，支持社会化服务组织提供垃圾收集转运等服务。同时调动好农民的积极性，鼓励投工投劳参与建设管护，开展房前屋后和村内公共空间环境整治，逐步建立村庄人居环境管护长效机制。学习借鉴浙江“千村示范、万村整治”经验，组织开展“百县万村示范工程”，通过试点示范不断探索积累经验，及时总结推广一批先进典型案例。

（四）切实加强农产品产地环境保护

加强污染源头治理，会同有关部门开展涉重金属企业排查，严格执行环境标准，控制重金属污染物进入农田，同时加强灌溉水质管理，严禁工业和城市污水直接灌溉农田。开展耕地土壤污染状况详查，实施风险区加密调查、农产品协同监测，进一步摸清耕地土壤污染状况，明确耕地土壤污染防治重点区域。在耕地土壤污染详查和监测的基础上，将耕地环境质量划分为优先保护、安全利用和严格管控三个类别，实施耕地土壤环境质量分类管理。以南方酸性土水稻产区为重点，分区域、分作物品种建立受污染耕地安全利用试点，合理利用中轻度污染耕地的土壤生产功能，大面积推广低积累品种替代、水肥调控、土壤调理等安全利用措施，推进受污染耕地安全利用。严格管控重度污染耕地，划定农产品禁止生产区，实施种植结构调整或退耕还林还草。扩大污染耕地轮作休耕试点，继续实施湖南长株潭地区重金属污染耕地治理试点。

（五）大力推动农业资源养护

加快发展节水农业，统筹推进工程节水、品种节水、农艺节水、管理节水、治污节水，调整优化品种结构，调减耗水量大的作物，扩种耗水量小的作物，大力发展雨养农业。建设高标准节水农业示范区，集中展示膜下滴灌、集雨补灌、喷滴灌等模式，继续抓好河北地下水超采区综合治理。加强耕地质量保护与提升，开展农田水利基本建设，推进旱涝保收、高产稳产高标准农田建设。推行耕地轮作休耕制度，坚持生态优先、综合治理、轮作为主、休耕为辅，集成一批保护与治理并重的技术模式。加强水生野生动植物栖息地和水产种质资源保护区建设，建立长江流域重点水域禁捕补偿制度，加快推进长江流域水生生物保护区全面禁捕，加强珍稀濒危物种保护，实施长江江豚、中华白海豚、中华鲟等旗舰物种拯救行动计划，全力抓好以长江为重点的水生生物保护行动。大力实施增殖放流，加强海洋牧场建设，完善休渔禁渔制度，在松花江、辽河、海河流域建立禁渔期制度，实施海洋渔业资源总量管理制度和海洋渔船“双控”制度，加强幼鱼保护，持续开展违规渔具清理整治，严厉打击涉渔“三无”船舶。加强种质资源收集与保护，防范外来生物入侵。

（六）显著提升科技支撑能力

要突出绿色导向，把农业科技创新的方向和重点转到低耗、生态、节本、安全、优质、循环等绿色技术上来，加强技术研发集成，不断提升农业绿色发展的科技水平。优化农业科技资源布局，推动科技创新、科技成果、科技人才等要素向农业生态文明建设倾斜。依托畜禽养殖废弃物资源化处理、化肥减量增效、土壤重金属污染防治等国家农业科技创新联盟，整合技术、资金、人才等资源要素，开展产学研联合攻关，合力解决农业农村污染防治技术瓶颈问题。组织实施农业农村部印发的《农业绿色发展技术导则（2018—2030年）》，推进现代农业产业技术体系与农业农村生态环境保护重点任务和技术需求对接，促进产业与环境科技问题一体化解决。发布重大引领性农业农村资源节约与环境保护技术，加强集成熟化，开展示范展示，遴选推介一批优质安全、节本增效、绿色环保的农业农村主推技术。

（七）构建乡村生态环境保护的制度体系

贯彻落实印发的《关于创新体制机制推进农业绿色发展的意见》，构建农业绿色发展制度体系。落实农业功能区制度，建立农业生产力布局、耕地轮作休耕、节约高效的农业用水等制度、建立农业产业准入负面清单制度，因地制宜制定禁止和限制发展产业目录。推动建立工业和城镇污染向农业转移防控机制，构建农业农村污染防治制度体系，加强农村人居环境整治和农业环境突出问题治理，推进农业投入品减量化、生产清洁化、废弃物资源化、产业模式生态化，加快补齐农业农村生态环境保护突出短板。健全以绿色生态为导向的农业补贴制度，推动财政资金投入向农业农村生态环境领域倾斜，完善生态补偿政策。加大政府和社会资本合作（PPP）在农业生态环境保护领域的推广应用，引导社会资本投向农业资源节约利用、污染防治和生态保护修复等领域。加快培育新型市场主体，采取政府统一购买服务、企业委托承包等多种形式，推动建立农业农村污染第三方治理机制。

（八）建立健全考核评价机制

各级农业农村部门要切实将农业生态环境保护摆在农业农村经济工作的突出位置，加强组织领导，明确任务分工，落实工作责任，确保党中央国务院决策部署完全落到实处。深入开展教育培训工作，提高农民节约资源、保护环境的自觉性和主动性。完善农业资源环境监测网络，开展农业面源污染例行监测，做好第二次全国农业污染源普查，摸清农业污染源基本信息，掌握农业面源污染的总体状况和变化趋势。紧紧围绕“一控两减三基本”目标任务，依托农业面源污染监测网络数据，做好省级农业面源污染防治延伸绩效考核，建立资金分配与污染治理工作挂钩的激励约束机制。探索构建农业绿色发展指标体系，适时开展部门联合督查，对绿色农业的发展情况进行评价和考核，压实工作责任，确保工作纵深推进、落实到位。坚持奖惩并重，加大问责力度，将重大农业农村污染问题、农村人居环境问题纳入督查范围，对污染问题严重、治理工作推进不力的地区进行问责，对治理成效明显的地区予以激励与支持。

第三节 乡村景观的生态建设

一、乡村景观生态建设的概念和特征

（一）乡村景观生态建设的概念

1. 乡村景观

“乡村”顾名思义，指的是农村；“景观”则指的是在不同时间、不同地貌、不同人文构成的综合系统，在艺术上则称之为“风景”。乡村景观的涵盖范围较为广泛，它是一个复合的生态系统，主要包含经济、社会、人口、生态等要素。简单来说，除却城市景观后，剩下的景观都可以称之为乡村景观。“乡村景观”一词被广泛运用起源于1974年，联邦德国地理学家博尔恩在《德国乡村景观的发展》报告中阐述了乡村景观的内涵，并根据聚落的形式，划分了乡村景观发展的不同阶段，着重研究了乡村发展与环境、人口密度与土地利用的关系。

乡村景观是乡村地域综合体的基本构成单元，兼具经济、文化、社会、生态和美学等多重价值，反映了不同地域的文化内涵和精神实质。对比来看，乡村景观是有别于城市景观的以农业为主的景观环境综合体，包括聚落景观、自然景观、农业景观三大要素。乡村景观是在城市景观与自然景观之间的过渡部分，因此具有不稳定性和被动性。

我国对乡村景观的研究与社会经济文化发展息息相关。20世纪90年代以前，乡村景观作为地理学的一部分，研究者主要从规模、形态、位置、用地组织等方面研究乡村聚落空间结构。自1994年乡村景观评价研究中将景观生态作为指标，我国越来越重视生态理念在乡村景观规划

中的应用。至21世纪初期，景观生态学逐步活跃起来，采用功能分类的方法将乡村景观规划分成结构导向型和功能导向型，随着我国对乡村景观的应用不断丰富，乡村生态研究逐渐深入。

2. 乡村景观的生态建设

党的十八大以来，越来越多的乡村景观研究开始注重对生态文明思想的阐述，并将实践与生态文明建设统一起来。曹家翔等认为乡村的生态与生产、生活方式是相辅相成的，当人与社会处于生态平衡的状态，乡村景观建设才能实现高水平、高效益的可持续发展。① 杨乐则认为生态景观建设将生态环境和空间规划有机结合，调整和构建空间结构，强化原有生态系统的功能，提升自我修复的效率。② 生态景观建设的目标在于设计出与土地和谐发展的方案，形成环境健康、可持续生产与生活的景观。

我国乡村景观，由于人类对其的干预和破坏相对较小，这些乡村景观独特的特点和完整的地域文化特征也就保存得相对比较完整。而山村地区由于远离城市，极少遭受人类干预，与平原地区的乡村相比，更具有独特的景观资源。由于山区的经济落后，生态环境变得脆弱和敏感。这种类型的乡村在社会的快速发展中面临着巨大的威胁，这就需要我国的乡村景观在科学合理的规划中进行，它是促进未来社会生态经济可持续发展的必行之路。

近30年来，乡村向城市化的转变已经对我国的农业及乡村景观产生了很大影响。中国大部分乡村处于由传统农业景观向现代农业最观的转变过程中。而在这一过程中，大量农药、化肥除草剂的使用，使农业资源与环境问题日益突出。再加上土地多样化、易变性的发展，不断改变着乡村的生态景观及景观格局，这些现象都在破坏历史遗留下来的文化景观和乡土风貌。这种破坏产生的一系列问题，使得传统的农业生态系

① 曹家翔，张一奇．基于生态美学视野下的乡村景观规划设计研究——以郎溪十字镇新和村为例[J].绿色科技，2019（21）：19.

② 杨乐．乡村生态景观的设计与建设——评《乡村生态景观建设理论和技术》[J].世界林业研究，2020，33（2）：118.

统不能在乡村得到可持续性的发展，因此，对乡村景观进行合理有序的规划显得日益迫切。

（二）乡村景观生态建设的特征

乡村景观是将具有特定景观行为、形态和内涵的景观类型，通过前期设计规划，最终落实到乡村建设中。乡村形态由分散的农舍到能够改善和提供优美乡村居住环境和生活服务功能的具有生态综合性的新型乡村，也是实现乡村土地利用由粗放到具有明显乡村田园生态特征的新乡村生态体系，主要是利用景观设计手段完成对自然环境的合理改造，例如，通过对村落出入口、街道、林草、农田、水体、畜牧等进行系统的景观设计使其具有一定的乡村景观生态特征，这些特征综合起来表现为以下几个方面。

1. 乡村景观生态的开放性

理想状态下的乡村景观是一个开放的景观生态系统，它与城市生态之间存在着先天的生态交流，具体可以表现在它与城市的交流上面。除了城市的供水、蔬菜的供给等之外，乡村生态依托自身较强的生态系统更好地弥补了因城市扩张带来的环境生态问题，而这些因素也维持着两个景观生态系统之间的平衡。

2. 乡村景观生态的多样性

我国拥有丰富的自然地貌和多样的自然气候条件，因此乡村具有丰富的自然景观和人工景观，例如，乡村农田景观、河流堤坝景观、街道绿化带等。其景观元素多样，不同的乡村又有不同的景观要素，所以又能组成不同的景观，例如，乡村道路两旁尽量选择乡村特色的树种作为景观街道绿化的主要树木，居民墙边、路旁树木下的带状绿地植被，宜选用绿篱或树形紧凑的花灌木与主体树木形成高低搭配和装饰的作用，乡村零星绿地应以乔木、灌木、宿根花卉组成立体植物结构，使整体的乡村景观各具特色。

3. 乡村景观生态的脆弱性

随着人类对乡村景观利用的加深和城市化进程的加快，自然村的快速减少及耕地和其他的非建筑类用地日益减少，乡村景观所具有的自我恢复能力也逐渐变差，从而导致一些地方生态系统的破坏，景观的紊乱性愈加明显。从本质上说，降低了乡村自身生态系统的自我调控能力。

二、乡村景观生态建设与规划

（一）乡村景观生态建设的原则

1. 整体性原则

乡村景观是由一系列生态系统组成的具有一定结构和功能的整体，能够为乡村生态系统的自我修复提供一定帮助，是自然与乡村文化生态系统的复杂载体。同时，景观规划与设计需要把多学科、多领域知识进行整合，把景观作为一个整体单位来思考和设计，将乡村景观的所有因素完美地整合在一起，从而使乡村生态达到最佳状态，达到改善和提高乡村生态环境的目的。

2. 景观多样性原则

乡村景观的多样性可以看作是生态环境资源质量的计量单位，包括自然物种的多样性、景观的多样性及人工景观的多样性，所以即使损失了某些要素，也可以维持其基本框架与整体特征。多样性既是景观规划与设计的准则，又是景观管理的结果，良好的景观设计需要体现出乡村景观的多样性。

3. 生态美学原则

乡村景观既要遵循大众审美原则，又要遵循生态美原则。生态美包括自然美、生态关系的和谐美及景观设计与乡村环境融合的美。生态美不仅强调人为的规则、对称、形式、线条等，更是景观规划与设计的最高美学准则。在规划与设计乡村景观时，尽可能有效地保护自然景观资源（森林、湖泊、草地、沼泽）。同时，依据自然生态系统和生态过程进行规划设计，形成优美的乡村景观，使自然环境之美与景观设计之美达到和谐统一。

（二）乡村景观生态建设的策略

1. 整体规划中需要合理构建系统布局

乡村景观生态系统是嵌在整个生态系统中的一个组成部分，具有融合城市景观生态系统与自然景观生态系统的过渡功能，呈现“无明显界限和连续性等特点”。因此基于系统分析的乡村景观设计，要充分尊重所在地的自然情况，因地制宜、精耕细化；按照该生态系统特定的发展规律和现实情况，精准施策、对症下药；甄别涉及场地生态系统的保护与修复等情况，统筹兼顾、因势利导。乡村景观生态系统要有别于城市景观生态系统，仅简单套用城市景观生态系统的运行模式，难以把乡村问题解决好，还会加剧城市扩张，产生负面效应。

在这一过程中不能忽视个性，扎根在这样的土壤上，更要着力打磨个性化元素，通过设计手法表现出来。目前较为流行的乡村景观规划方式中，多采用传统技法、传统材料或乡土植物元素，不断增强乡村景观规划的设计感，使自然归属自然。

2. 阶段建设中需要践行绿色发展观念

生态景观规划本身是一个动态的过程，在不同阶段应呈现出不同的景观风貌，挖掘出不同的人文价值与经济价值。客观上要将生态理念运用到阶段建设的始终，尊重当时当地的自然、人文、社会资源。从长期角度来说，生态系统随着时间的推移演替更新，最终形成稳定的生态群落结构；从瞬时角度来说，当前气候条件变化无常，灾害的破坏力日益增加，乡村景观设计要通过人为设计，结合生态系统的自我修复能力，营造出具有多层次系统的弹性景观，支持整个系统的可持续运转。当整个生态系统中的某一个部分受到外部因素的破坏时，保证整体系统依然可以正常发挥其生态效益。

在生态景观从规划到施工的落实过程中，要兼顾生态保护和维护管理，合理分配任务，制定相应策略，提早介入场地，探索使用可再生能源和清洁能源，减少对生态系统的影响，确保乡村景观具有可持续性、设施环保可循环。

3. 理念应用中需要融入人为参与意识

中国古典园林体现的“天人合一”思想强调人的生活不能悖逆自然界的普遍规律，人和社会的发展应与自然相适应、协调。这种观念传承至今，其精神内核已成为习近平生态文明思想中人与自然环境和谐共生的重要依据。

在生态理念下开展景观规划实践，不能忽视人的存在，要充分重视人在乡村景观规划中的活动能力，尊重人对整体系统产生的影响及其在保持系统稳定中发挥的作用。因此，村民也应该成为乡村景观设计的参与者甚至是设计者。在乡村景观规划设计与维护管理的全过程中，通过前期沟通、合理引导，使村民认识到生态宜居的乡村景观设计将改善人居环境，调动参与者的积极性，使得规划设计更加符合实际需求。乡村景观规划通过与战略规划、管理利用、政策制定的相互配合，利用产业转型，为村民提供就业增收的机会，打造生态环境友好的生活生产方式。

（三）乡村景观生态建设与规划内容

1. 乡村生态景观规划

乡村生态系统的稳定关系到乡村的经济文化和社会可持续发展。因此，乡村生态性景观体系的建设对于生态乡村景观规划意义重大，其规划设计的核心内容是指水域景观及植物绿化。

（1）水域景观规划：水域景观是体现乡村景观生态性的重要因素。在保证其功能作用下，应考虑挖掘美观价值以及休闲价值。水域景观主要包括水塘景观、河道景观以及沟渠景观。

1）水塘景观：水塘景观处理在水域景观规划中是重要的内容，其生态系统中的生物链是环环相扣的。除此以外，还有蓄水及消纳氮、磷、钾等化学元素，减少土壤污染的作用。随着乡村旅游的快速发展，还可以发展水产养殖业与休闲娱乐产业。

水塘在规划中，要注重修复生态系统，尽量以自然式亲水岸为主，采用当地石材或植被进行驳岸处理，避免大面积的混凝土铺置，实现水陆的自然过渡，提升水塘的美观价值及生态价值，深入挖掘水塘景观的休闲价值，提高农民的收入。例如，对于部分乡村而言，可建立休闲娱乐亭或观景平台，开展休闲垂钓项目。

2）河道景观：河道是乡村的廊道景观，具有蓄水、灌溉、美观、游憩等多种功能。在规划中要注意疏通汛河道及垃圾处理，在保证排洪畅通的前提下，要注意生态理念的体现。对于断头水的处理应找清原因，因地制宜，合理地进行各水系的相连通，保证水系的畅流。

3）沟渠景观：在乡村景观规划中，沟渠是不可忽视的重点之一。沟渠与村民接触比较多，不仅能为农田提供基本的灌溉，还能调节局部的小气候，改善乡村生态环境。对于沟渠的设计，主排水渠通常用混凝土或者条石进行砌筑，渠坡采用缓坡形，缓冲水位过大时对边坡形成冲击力。缓坡上可以种植草皮进行生态护坡。田间地头的次水渠一般用土质沟渠，尽量减少人造硬性化设计，沟渠的边坡可以任其生长杂草，保证田间的生态性。

（2）植物绿化设计：植物绿化主要包括庭院绿化、公共绿化、边缘绿化及道路绿化。

1）庭院绿化：为突出乡村特色，庭院绿化一般选择当地适宜的蔬菜果树，对房前屋后进行美化绿化。本着经济性、生态性、科学性的原则，房前屋后可适量种植核桃、杏、柚子、梨、枣等植物，院内可栽植葡萄、丝瓜。为体现生态性，可在屋后栽植杨树，院内种植适量的月季、紫藤、紫薇等。科学性表现在植物的合理搭配上，尤其是院落的绿化景观要考虑到通风和光照。

2）公共绿地：公共绿地应结合基地现状，以当地世世代代村民的生活习性为依据，于绿地中合适的位置放置休闲坐凳、独具文化特色的指示牌等景观小品，为乡村居民提供良好的休闲场所。生态乡村的公共绿地的建设应该坚持生态性、特色性原则，主要以乡土植物为主，选取抗性强、适应性广、便于粗放管理的植物，采用自然式的搭配方式，以便营造一个自然环保的绿地景观。

3）边缘绿化：乡村聚落边缘绿化是与乡村中的农田相互连接，是与自然的过渡空间。它的边缘绿化应该采取与周围环境融为一体的方法，就地取材使用边缘空地种植速生林，在建筑庭院外围及院落内种植低矮的林果木，共同营造聚落边缘景观，形成乡村良好的天际线，与乡村自然生态的田园景观融为一体，使乡村的聚落边缘在一定程度上隔绝外界污染及噪声，保持聚落内部的生态平衡。

4）街道绿化：街道绿化是乡村绿化的重点，要求绿化既美观又因地制宜。绿化可以按照乔、灌、草合理搭配。乔木宜选择冠大、荫浓、抗病、寿命长、具有良好视觉效果的种类，如银杏等；灌木可以选择丁香、连翘等；地被可以选择多年生且造价低廉便于管理的植物，合理划分层次，打造错落有序的景观带或者景观道路线。

2. 乡村生产景观规划

从事农业劳动自古以来就是农村居民最基本的生产活动，由此也形成了部分各具特色的农业景观。农业景观指的是农村生产性景观。农业景观由农业生产活动组成，是乡村人文景观的重要表现。同时，随着农业快速发展、地域性的差异和生产内容的不同，农业景观呈现出不同的景观特征，这对乡村地域性景观的形成具有决定性作用。本书主要研究生产规划的农田景观规划、林果业景观规划。

（1）农田景观规划：农田景观规划包括农田斑块及农作物配置。农田斑块的大小是农田景观规划的重点，从生态学的景观空间配置来看，比较科学的农田配置以大面积的农田斑块为中心，周围绕以农田小斑块附着相连。在实际规划中要考虑当地的地形及沟渠现状，小斑块可以培养农产品的多样性，大斑块利于农作物的机械化操作。除此以外，还要注重农田斑块的形状，尽可能以长方形和正方形为主，方便小型的农业耕作。农作物的搭配也是农业规划中应该考虑的内容，根据景观生态学原理，单一的农作物景观生态性不稳定，容易遭到病害。因此，在农作物的配置选择上，宜采用竖向种植、套作及轮作等方式，增强农田景观的稳定性。另外，可以考虑农作物的景观潜力，发展大地艺术。

（2）林果业景观规划：林果业生产区是乡村景观过渡较强的区域。

乡村景观规划本着经济、美观、地域特征的原则，尽可能选择易于成活和管理的果树为主，如北方的苹果、梨、枣等。出于生产上的考虑，乡村地域林区树种的配置以混交林为主比较好，相比较而言，混交林有更加稳定的生态系统，并且生长快、景观好。除此之外，林木的规划要自然，横向上疏密有致，竖向上富有层次。林区草坪面积不宜过大，一般不超过 1 公顷，宽度宜为 10—50 米，长度不限，草地形状尽量避免呈规则的形状，边缘的树木呈自然布置小树群，树群的面积不应小于总面积的 50%。树群应结合林木种植，以小树群混交为好，每个树群面积以 5—20 公顷为宜，最大不过 30 公顷。在 1 公顷的面积上，布置小树群 4—5 个，间距为 40—50 米，中树群 2—3 个，间距为 60—70 米，大树群 1—2 个，间距为 70—100 米。大中小树群布置得错落有致，主题鲜明，结构美观。

3. 美观效应规划

（1）道路景观：乡村道路是乡村规划着重考虑的一个重要内容，乡村道路主要承担着三个方面的功能，一是最基础的交通功能，例如，运输垃圾、日常生活、市政服务、车辆通行等；二是为乡村居民提供交流活动的场所，例如，人们饭后散步、驻足交流等场所；三是形成村庄的结构及沿线布置基本的市政管线功能。一个乡村的骨架大体是沿着道路确定的，道路的宽度、断面直接影响着乡村整个内部空间。另外，沿着道路布置各种管线，既美观又方便。鉴于以上道路的功能从道路等级、道路选线及路面材质三个方面进行生态乡村景观美观效应规划阐述。

1）道路等级：乡村道路是区域内联系各个功能区和景观节点的重要廊道。根据乡村的地形地貌条件，按照道路功能的不同，乡村道路通常划分为三个等级，即主干道、次干道和游步道。主干道为车行道，路面宽度通常为 5.0 —10 米，连接着区域内的主要人口和功能区，每隔 1 000 米设置会车道，保障主干道的畅通；次干道也为车行道，控制路面宽度为 5.0 米，并且在道路两侧营造宽度不小于 1.5 米的绿化景观道，将功能区内的重要景区与主干道连接起来；游步道为步行小道，路面宽度通常为 2 — 3.5 米，主要将区域内重要的景观节点串联起来，便于农业生产、观光游览等。

2）道路布局：乡村的道路一般以外线为主干道，尽量设计成环状，无论是主干道，还是次干道尽可能沿着原来的路线整治。在选址上尽量避免开山建路，减少对生态的破坏，对于地形坡度较大的地方，应沿着等高线的方向设计路线。游步道选线布局上，在满足农业生产的基础上，结合休闲观光的要求，注重道路线条走向的景观艺术美感，做到移步换景的廊道指示作用。

3）路面材质：乡村地区的主车行道应充分考虑其使用周期及满足载荷的要求，应以沥青路面或水泥混凝土路面为主。游步道根据使用功能的要求，进行差异化规划设计，考虑到游步道主要以人行休闲观光游览为主，路面应以碎石路面、青石板路面、陶瓷透水砖路面等为主。游步道的路网密度不宜过大，以免分割区域内重要的斑块，导致景观过于破碎化。

（2）建筑景观：对于生态乡村的建筑设计无论是沿街外墙还是居民房屋改造，应该先对本地文化习俗进行深度调查，挖掘建筑的各种标志性特征，因地制宜地规划设计。不同地区在控制总体建筑风貌的基础上，还应考虑文化差异及风俗习惯等。在建筑细部、装饰、造型等加以细化，形成更具特色的地域建筑。如福建的土楼、苗族的吊脚楼、徽派建筑的马头墙等。从改造程度上把乡村建筑分为新建民居及改建民居两类，针对两类建筑提出以下设计改建建议。

1）新建民居：新建民居用地禁止选择在道路红线范围内，以及桥下、陡坡、山顶。布局形式灵活自由，以院落式为主，遵循“大聚集、小分散”的原则；在建筑材料上建议用现代的建筑材料及手法来表现地域的建筑特征，在整个外形上仍保持传统面貌；在户型设计中应根据当地人口、经济状况及功能要求合理地提出大、中、小户型设计方案。

2）改建民居：挖掘当地区域特色，提炼当地典型的建筑元素和文化元素，使其与建筑的外形、色彩及细部有效地结合。对于各种类型混在一起的建筑，要整体规划改建。针对建筑外形，不单单是建筑立面，还应包括屋脊曲线、阳台、檐口、窗户等细节。在改建的过程中，遵循因地制宜的原则，尽可能使用当地建材，保留乡村原汁原味的淳朴风情。

第五章　生态学视角下的农民生态意识培育

第一节　农民生态意识培育的相关概念

一、农 民

自古以来，农民的概念一直是学术界关注的焦点。目前，我国对农民观点的界定主要有两种类型。一种是辞书的解释。《辞海》将农民定义为“从事农业生产的人”；《经济学辞典》觉得农民是指“个人、集体或部分拥有生产资料，主要从事农业劳动的人”。虽然上述概念提到了两种功能，但都是在强调农民的职业属性。另一种是知识界的研究成绩，它是一种非静态的创新。部分学者对 20 世纪 90 年代农民概念的研讨有过相关总结，总的来说，共有 13 种农民的概念，分别从身份识别、专业的定义、区域指向三个方面，提到身份辨认看法的有三种，提及区域所属的概念包含三种，提到职业归属的有九种，由此可见，在这个时期传统农民概念中的身份辨别及地域所属性能弱化、职业指向功能越来越明显。

20 世纪 90 年代后，尤其是 2006 年，“中央一号”文件提出“新型农民”一词，得到了学术界的多方关注和热烈研讨。中国社会科学院研究员陆学义首先提出，按照职业分类，中国社会可以划分为十个阶层，农民工属于工人阶层，农民属于农业劳动者阶层。高建民觉得农民首先是有农村户口，在农村居住生活，并且和土地有关的社会劳动者，并将其分成七大类，包括农业生产者、农民企业家、乡镇的农民工、进城的农民工，农村基层打点者等，在强调农民职业性质的同时注意它的区域。“新型职业农民”最明显的特征是职业属性。一些学者对“新型职业农民”做了全面解释：其首先是农民，农民第一次或长期使用一定数量的多产的土地，绝大多数时间干农活，收入主要靠农业生产和管理，并且长期生活在农村，除了这些以外还包括几点，即市场主体、具有一定的稳定性、使做农活成为一生的事业、必须有强烈的社会责任感等。

传统农业向现代农业转型，必然要求传统农民向新型职业农民转变。新型农民相对于传统农民不只是字面上的区别，它是个与时俱进的概念。美国人类学家沃尔夫认为，传统农民主要追求维持生计，是身份有别于市民的群体；而职业农民则充分进入市场，将农业作为产业，并利用一切可能的选择使报酬最大化。传统农民是社会学意义上的身份属性，强调的是一种等级秩序；而职业农民则近于经济学意义上的理性人，是农业产业化乃至现代化过程中出现的一种新的职业类型。

职业农民、新型农民概念的提出，是新农村建设理论和实践领域的重大创新。新型农民与职业农民的内涵既有区别，又有联系。新型农民泛指从事现代农业的农民，强调的是一种身份，而不是一种职业；职业农民范围较小，专指从事农业生产和经营，以获取商业利润为目的的独立群体，是一种职业。职业农民是新型农民的一个组成部分。“农民”曾经兼具“身份”和“职业”两种属性，随着社会的发展，逐渐凸显出其“职业”性。“新型职业农民”是在现代农业基础上出现的以农业为职业，具有一定的专业技能，有一定生产经营规模，收入主要来自农业的现代农业从业者。

新型职业农民的时代特征：第一，新型职业农民是市场主体，具有明确的经济人属性。传统农民主要维持生计，而新型职业农民充分进入市场争取利益最大化，具有较高收入。第二，新型职业农民把务农作为终身职业，有深厚的农业、农村情怀，具有稳定性。作为新型职业农民，必领对农民有认同感，对农业有亲近感，对农村有归属感，从事农业应该是完全出于自愿，心中有农、甘愿为农、以农为荣。第三，新型职业农民具有现代企业观念，有文化、懂技术、会经营，对生态、环境、社会和后人承担责任。第四，新型职业农民拥有较高的社会地位。新兴职业农民有较高的收入，专业化、职业化程度较高，工作环境较好，成为社会认同度较高的群体。随着农业现代化和新农村建设步伐的加快，其职业发展空间更加广阔，社会地位会显著提升，人们对这一群体的职业认同度也会显著提高。

新型职业农民的主要类型：第一，生产经营型：专业大户、家庭农场主等。生产经营型职业农民，是指以农业为职业、占有一定的资源，具有一定的专业技能和资金投入能力，收入主要来自农业的新型生产经营主体。家庭农场是指以家庭成员为主要劳动力，从事农业规模化、集约化、商品化生产经营，并以农业收入为家庭主要收入来源的新型农业经营主体。第二，专业技能型：农业工人、农业雇员等。专业技能型职业农民，是指在农业企业、专业合作社、家庭农场、专业大户等新型农业经营主体从事农业岗位工作，并以此为主要收入来源，具有一定专业技能的现代农业劳动力。第三，社会服务型：农村信息员、农产品经纪人、跨区作业农机手、统防统治植保员、村级动物防疫员等农业社会化服务人员。社会服务型职业农民，是指在经营性服务组织或个体直接从事农业产前、产中、产后服务，并以此为主要收入来源，具有相应职业素养和服务能力的现代农业社会化服务人员。

二、生态文明

（一）生态文明的定义

生态文明是人类文明发展的一个新阶段，即工业文明之后的文明形态。生态文明是人类遵循人、自然、社会和谐发展这一客观规律而取得的物质与精神成果的总和。生态文明是以人与自然、人与人、人与社会和谐共生、良性循环、全面发展、持续繁荣为基本宗旨的社会形态。从人与自然和谐发展的角度来说，其定义是：生态文明是人类为保护和建设美好生态环境而取得的物质成果、精神成果和制度成果的总和，是贯穿于经济建设、政治建设、文化建设、社会建设全过程和各方面的系统工程，反映了一个社会的文明进步状态。从人类社会发展的角度来看，生态文明是人类与自然实现协调发展的社会系统。生态文明是人类社会发展过程中的新文明阶段，是建立在知识、教育和科技高度发达基础上的文明，强调自然界是人类生存与发展的基石，明确人类社会必须在生态系统原理的基础上与自然界相互作用、共同发展，人类的经济社会才能持续发展，因此，人类与生存环境的共同进化就是生态文明，生态文明不再是纯粹的社会经济发展系统，而是一个人与自然和谐相处共同可持续发展的人类文明系统。

对于“生态文明”的概念，有的学者从不同的角度给出了定义。归纳起来大致有如下几种。

1. 广义的角度

生态文明是人类的一个发展阶段。如陈瑞清在《建设社会主义生态文明，实现可持续发展》中提到的定义。这种观点认为，人类至今已经历了原始文明、农业文明、工业文明三个阶段，在对自身发展与自然关系深刻反思的基础上，人类即将迈入生态文明阶段。广义的生态文明包括多层含义：第一，在文化价值上，树立符合自然规律的价值需求、规范和目标。第二，在生活方式上，以满足自身需要又不损害他人需求为目标，实行可持续消费。第三，在社会结构上，生态化遍及到社会组织和社会结构的各个方面，追求人与自然的良性循环。

2. 狭义的角度

生态文明是社会文明的一个方面。如余谋昌在《生态文明是人类的第四文明》中的观点。这种观点认为，生态文明是继物质文明、政治文明和精神文明之后的第四种文明。物质文明、政治文明、精神文明与生态文明这四个文明一起，共同建设社会文明大厦。其中，物质文明为社会奠定了雄厚的物质保障，政治文明为社会提供了良好的环境，精神文明为社会提供了智力支撑，生态文明是现代社会文明体系的基础。狭义的生态文明要求改善人和自然的关系，用文明和理智的态度对待自然、改造自然，反对浪费资源，建设和保护生态环境。

3. 生态文明是发展理念

这种观点认为，生态文明与野蛮相对，指在工业文明已经取得成果的基础上，用更文明的态度对待自然，对大自然进行野蛮与粗暴的掠夺行为说“不”，积极建设和保护美好的生态环境，改善人与自然的关系，从而实现经济社会可持续发展的目标。

总结以上观点，本书认为生态文明是指人类在改造客观自然界的同时，又主动保护客观自然界；是在积极改善和优化人与自然的关系，建设良好生态环境的过程中所获得的物质和精神成果的总和。它的核心内容与目标是人与自然和谐发展的价值观在经济社会发展中的落实及其成果的反映，包括有利于生态环境和社会经济共同发展的科学的生产方式、生活方式、行为方式，以及文明的生态文化价值观和环境保护意识。

（二）生态文明的特征

生态文明是人类发展的一个新阶段，是继工业文明以后的一个新的文明形态。生态文明是人类遵循人、自然、社会和谐发展这一客观规律而取得的物质与精神成果的总和。

1. 实践性和反思性的统一

之所以说生态文明具有实践性，主要是因为人的生存发展和全部实践活动始终贯穿在人与自然关系的主线中。人类的生存发展一刻也离不开自然，一刻也离不开实践。但是，由于自然的无限性和人类的有限性之间的矛盾，又决定了人的实践活动并不是可以随心所欲的，必须有指引、学习和反思。物理学家李政道认为，由于暗能量的大量存在，我们的宇宙之外可能还有很多宇宙。科学只能在有限系统中无限寻求真知，对于人类来说，构建一个包括一切自然奥秘的体系只能是一种主观上的关好愿望。自然奥秘是无穷无尽的，人类活动对自然的改造活动，无论较近或较远的后果都不是很容易预料的，“当阿拉伯人学会蒸馏酒精的时候，他们做梦也想不到，他们由此而制造出来的东西成了当时还没被发现的美洲的土著居民后来招致灭绝的主要工具之一”。[①]因此，反思便成为生态文明的本质特征之一。在生态文明的实践活动中，假如缺乏反思，造成的后果是非常难预料的，也就意味着，缺乏反思的实践活动都是野蛮和盲目的。

2. 系统性与和谐性的有机统一

生态文明是自然、社会、人的和谐发展的系统。在宏观层面上，对自然生态系统的分析中，把生态系统划分为“生产者”“消费者”和“分解者”，一个健全的生态系统会把这三者融入一个整体的、和谐的循环之中。无论人们用何种方式对生态系统进行分析，生态系统各要素之间和生态系统同其他系统之间的物质、能量、信息的变换，总是处在和谐的状态之中，一旦系统与系统之间，或系统与要素、要素与要素之间的和谐变换的链条断开，或者处于不和谐状态，人们和自然的对抗就会显露出来，因此，生态文明建设的正常运转需要依靠系统性与和谐性推动。

3. 持续性与高效性的有机统一

持续性是生态文明建设的重要原则之一，持续性并不等于低效性，相反，持续性是与高效性联系在一起的，只有高效利用自然资源，才能节约资源，从而实现人类社会的可持续发展。要做到持续性与高效性的统一，就必须不断完善生态制度的内容体系，通过完善生产产权制度、建立生态税收制度、强化生态非正式制度等一系列制度安排，真正实现粗放型增长方式向集约型发展方式的彻底转型。

4. 规律性与创造性的有机统一

人类对浩瀚宇宙的认识是无止境的，从形而上学和逻辑的角度来看，存在无限多的宇宙是可能的，宇宙里的许多奥秘尚未被科学（人

① 中共中央组织部，中共中央宣传部，中共中央编译局．马列主义经典著作选编（党员干部读本）[M]. 北京：党建读物出版社，2011:45.

类）所认知，大自然是生生不息的，一切皆处于不断变化之中。自然的运动变化是有规律可循的，人类只有在尊重自然规律的基础上发挥人的创造性，生态文明的实现才有可能。如果人的创造性违背了客观规律，那么人类今天的行动必将为自己和子孙后代留下灾难的种子。生态文明既是对传统发展模式的深刻反思和升华，又是对未来持续发展的美好向往和憧憬。一部人类发展史就是一部文明进步史，也是探索处理人与自然的关系史，人与自然的关系整体上反映着人类文明和自然演化的相互作用及其结果。面向未来，一种以解决工业文明所固有的环境与发展矛盾为目的，在更高层次上实现人与自然、环境与经济、人与社会和谐的文明形态——生态文明已登上人类发展的历史舞台。

生态文明是人类为保护和建设美好生态环境而取得的物质成果、精神成果和制度成果的总和，是人与自然、环境与经济、人与社会和谐共生的社会形态。生态文明是对发展的提升，不是不要发展，不搞工业文明、放弃对物质生活的追求，回到原生态的生产生活方式，而是在吸收借鉴人类一切文明成果尤其是工业文明成果的基础上，为统筹解决经济社会发展与资源环境问题提供了全新的指导理念和实践取向，开辟了无限广阔的发展空间。

建设生态文明，先进的生态伦理观念是价值取向，发达的生态经济是物质基础，完善的生态文明制度是激励约束机制，可靠的生态安全是必要底线，良好的生态环境是根本目的。其鲜明特征包括：在价值观念上，强调尊重自然、顺应自然、保护自然；在指导方针上，坚持节约优先、保护优先、自然恢复为主；在实现路径上，着力推进绿色发展。循环发展、低碳发展；在目标追求上，努力建设美丽中国；在时间跨度上，需要长期艰巨的建设过程。

三、生态意识

（一）生态意识的概念

生态意识又称环境意识，它作为一种思想和观念古已有之，但作为生态哲学的学科概念和重要范畴却是晚近的事。20世纪30年代，美国学者利奥波德在《大地伦理学》中提出："没有生态意识，私利权以外的义务就是一种空话。所以我们面对的问题是把社会意识的尺度从人类扩大到大地（自然界）。"1968年，美国学者罗斯首先提出环境素养，其含义和环境意识的含义极其接近。1983年，苏联学者B.基鲁索夫明确提出了"生态意识"的定义，他认为："生态意识是根据社会和自然的具体可能性，最优解决社会和自然关系问题方面，反映社会和自然相互关系问题的诸观点、理论和情感的总和。"生态意识是一种社会意识，是根据社会生态系统运动规律，如何从最优角度反映和解决人、社会与自然关系问题的认识。生态意识是人类生态活动的反映。生态活动是生态主体与生态环境，即人、社会与自然环境相互作用的行为表现，其后果以生态效益来表示。生态后果有正负效益，有利与不利之分，它取决于生态活动的合理性和科学性，又取决于社会生态系统中主体与客体（生态环境）相互作用的方式和社会组织性质及中介工具。由于受生态意识的支配，人类的行为能最大限度地超越物种的限制，按照生态规律来进行生产。马克思说："人与动物不同，可按任何一种尺度来进行生产，并懂得怎样处处把内在尺度运用到对象上去。"[①] 在生态意识支配下的生产劳动是人类本质力量的体现，是人类自我意识的深层体现。生态意识是人对自己本质力量的自我意识的深层表现，反映了人对自己在社会生态系统中的地位和作用的认识，它是以对人与自然关系的科学认识和崭新哲学观念为基础的。

国内有很多学者对生态意识有着深入的思考。有的学者认为，生态意识是指在处理人类活动与周围自然环境间相互关系时的基本立场、观点和方法。具体来说，就是处理眼前利益和长远利益、局部利益和整体利益、经济效益和环境效益、开发与保护、生产与生活、资源与环

① 马克思，恩格斯.马克思恩格斯全集（第42卷）[M].北京：人民出版社，1972：97.

境等关系时应具备的生态学观念和常识。有的学者认为，生态意识是从生物与环境的整体优化目标来理解和追求社会发展的一类意识要素与观念形态，是生态规律的支配作用和生态条件的制约作用在人的观念上的反映。还有的认为，生态意识是人类在生存与发展过程中的一种理性升华，是自然生态的众多辩证过程在人脑中的综合反映，并能合理运用生态理性处理人与自然之间关系的思维活动。更有学者指出，生态意识是人与自然的关系，不是征服与被征服的关系，也不是纯消费关系，而是协调发展、互利共生的关系；生态意识要求人类不仅要注意自身活动引起的自然界变化的近期后果，而且要特别注意这种变化引起的长远后果，不仅注意自身活动引起自然界有利于自己的变化，而且要特别注意不利于人类自己的变化；人类活动应该限制在某一历史时期生态环境许可的限度之内；生态意识应该立足于人类社会的全面发展与持续发展。此种生态意识观是对人与自然的关系及这种关系变化的哲学反思，是对现代科学发展成果的概括和总结。

（二）生态意识的时代内涵

1. 生态科学意识

生态意识以对包括人自己在内的一切生物与环境之关系的认识成果为基础，这些认识成果由现代生态（环境）科学提供。作为一种科学意识的生态意识，要求人们用现代生态（环境）科学的眼光审视自然、分析问题、处理问题、指导实践。生态意识作为一种科学意识，是生态科学知识的积淀与升华，它的发展同生态科学的成熟及其向整个科学技术领域的渗透相伴随。20 世纪 50 年代，生态科学发展日渐成熟，加之全球范围内人口、资源、环境与人类生存发展的矛盾日益尖锐，人们开始重视运用科学技术去调节人与自然的紧张关系，发挥科学技术保护社会生产力、保护人类福利赖以增长的生态基础的职能，生态科学开始渗透到整个科学技术领域。这种渗透主要表现在三个方面：一是传统自然科学的基础学科、应用学科研究面向环境问题，形成了环境物理学、环境化学、环境生物学、环境地学、环境医学、环境工程学等边缘性的新学科，从而构筑出一门综合性的大学科——环境科学。二是新兴的高科技将保护生态环境作为其重要的价值目标，并为协调保护生态环境与发展经济开辟了新途径。例如，鉴于地球上非再生矿物能量储量日渐减少，新兴的高科技领域正在研制太阳能、核聚变能利用所需的新材料，以及能量转换率高的发电装置材料。此外，微电子技术为增强对工业、交通的能源低耗的智能控制提供了手段；空间技术的发展为人类利用太空资源展示了诱人的前景；生物遗传技术正在酝酿一场新的农业革命。三是以生态科学为纽带的自然科学与社会科学的交叉学科相继产生，诸如环境经济学、环境美学等。生态科学成为自然科学与社会科学相沟通的桥梁。

2. 生态忧患意识

这是当前国民包括政府普遍缺乏的生态意识。英国著名生态学家爱德华把全球的环境危机比喻为“第三次世界大战”，“战争”的起因就在于人类对地球生态环境资源贪婪地攫取和无情地掠夺。这场“战争”的结局又将如何呢？据分析，存在两种可能性：一是人类从传统的思想观念中挣脱出来，建立起全新的生态意识，实现人与环境新的和谐共处；另一种则是人类继续蹂躏和糟蹋自己的生存环境，其结果必将是自掘坟墓，自我埋葬。经济发展过程中所产生的环境污染和生态破坏的负面效应已经引起我国政府的高度重视。如果我们不在控制污染、保护生态方面给予足够的重视，并付出极大的努力，那么多年来经济发展所取得的成果，很可能被日益恶化的环境污染所抵消。为此，人类对自己的前途命运应该萌生一种忧患意识。比照学者们的观点，对于人类的前途命运有两种截然不同的看法，一是乐观主义，二是悲观主义。无论是乐观主义还是悲观主义，都是从人与自然关系的角度对人类命运的瞻望。他们所指出的的确是人类面临的两种可能的命运，只是他们分别把其中的各个方面绝对化了。我们认为，消极悲观、盲目乐观均不足取。对于人类来说，最可悲、最可怕的不是遇到了生态危机，而是缺乏对生态危机的觉察，大难临头却不知不觉，甚至盲目乐观。人类应该时刻警惕生态危机，勇敢地正视它，冷静地研究它，迅速采取行动，抑制环境恶化的趋势。

3. 生态价值意识

作为价值意识，生态意识表明人类对自然界价值的全面肯定，并确认生态价值是自然界对人类的最高价值。地球是一个凭借生物即生命活动实现物质循环、能量转移和信息传递的星球。自然界的生态价值一旦丧失，其他价值也就随之丧失，人类便无法生存。因此，追求生态效益应成为人类活动的最高目的。不是为了经济效益才去关心生态效益，相反，经济效益应服从生态效益，服务生态效益。换言之，应提倡经济的生态化。只有维护好生态环境，才能保证经济的持续发展，只有维护好生态环境，持续发展的经济才能为人类提供高质量的生活水准。而传统的价值观念认为，自然界的一切都是大自然对人类无偿的馈赠，是取之不尽、用之不竭的天然资源，只有使用价值，而没有自身的价值，更不会有价格。现在看来，传统的生态价值观是应该批判的，地球的承载力和资源是有限度的。一方面，地球对人类及其活动所产生的废弃物的可容纳量是有限度的，超出其目标容量和自净能力，就会导致负担过重和环境问题；另一方面，地球上所蕴藏的资源也是有条件和有限量的存在物，并不是取之不尽用之不竭的。过度地开采与放牧，无止境地砍伐和消耗，必然导致资源枯竭，生态失衡。由此可见，生态环境不仅有使用价值，而且本身也有其价值。必须把地球资源看作经济物品，使用资源需付出代价，损害资源要加以补偿，才能找到解决环境问题的办法。

4. 生态审美意识

自然界是美的，优美的生态环境是实现人类全面发展和满足人类多种需求的必要前提。自然事物中内蕴着美的特性，它能激起人类生命激情的波澜，促动人们勃勃郁发的生命活力；它能使人们感受到生命的张力，或引人奋进，或给人以温馨与恬静；它能净化人的心灵，沉淀人类情感活动中欲望性的浑浊，因而自然事物成了美的事物。优美的生态环境能调节人的精神，陶冶人的情操，淳化社会风尚，使人们能以充沛的精力和良好的心态从事生产活动，是社会生产发展的一种重要资源。由于以科学技术为驱动力的工业化、城市化浪潮在很大程度上改变着自然生态环境，使人类与自然美逐渐疏远，人们的精神生活受到机械化、污染化环境的压抑。时代呼唤环境美学以新的审美意识引导科学技术“按美的规律”创造出自然美和人工美融为一体的生态环境，防止生态系统在科学和工业力量的干预下，发生反生态美的畸形变迁。当前，以新的审美意识引导人类的活动，引导科学技术按美的规律创造融自然美与人造美为一体的生态美的环境，已成为人们的共识。因而，回归自然之风劲吹不衰，影响到了人类行为的方方面面。例如，“绿色消费”日渐盛行。绿色消费虽然是一种新的消费风尚，但反映出了当代人的审美转变，青山、绿水、无害于环境的“绿色产品”备受青睐。

5. 生态责任意识

生态责任意识指不但国家和企业对生态保护负有责任，而且每一个人对生态保护均负有责任。生态能否得到有效保护，关键取决于广大公众能否意识到自己对生态保护的责任和由此所决定的他们实际参与生态保护的程度。广大公众对生态保护的责任，一方面是指他们有责任使生态不受破坏，自觉限制各种破坏生态的行为；另一方面是指他们有责任促进生态建设，自觉从事各种有益于生态发展的活动，比方说植树造林等。生态意识作为一种循环性的意识，它超越了环保意识，即只停留在环境保护的层面上，将环境作为一个静态的存在，而是将整个生态系统作为一个动态的、无限循环运动着的存在，人类活动应该让生态系统的循环性永远充满生命力。1972 年，联合国斯德哥尔摩人类环境大会签发的《联合国环境方案》中有一句名言：“我们不是继承了地球，而是借用了子孙的地球。”这句名言表达了人类关注未来、向子孙后代负责的责任意识。1992 年 6 月，巴西里约热内卢举行了联合国环境与发展大会。大会通过了《里约环境与发展宣言》《二十一世纪行动纲领》等一系列文件。世界各国就如何促进人类社会生存与发展的生态环境的改善和优化，如何使全球同舟共济、务实合作、积极行动，做到既发展社会经济，又保护生态环境，促使地球成为人类安居乐业的美好家园达成共识，并使之成为当今全人类的神圣职责。

6. 生态伦理意识

世界著名环境保护学家罗伯特·艾伦曾指出：为了保护好环境，需要一种包括植物、动物和人在内的崭新的伦理观。环境教育的长期任务是培养和加强与这种崭新的伦理观相一致的态度和行为。罗伯特·艾伦所讲的这种伦理观即生态伦理意识。马克思曾讲过，社会是“人同自然界完成了的、本质上的统一”，因此，人类社会在生存、发展过程中，与人的行为需要一定的道德规范来约束一样，人与自然之间的内在矛盾也需要一定的道德规范来调整。

生态伦理，即生态道德规范，基本包括：一要热爱自然、尊重自然、保护自然（包括人化自然）；二要珍惜自然资源，合理地开发利用资源，尤其是珍惜和节制非再生资源的使用与开发；三要维护生态平衡，珍惜与善待生命，特别是动物生命和濒危生命；四要有节制地谋求人类自身发展和需求的满足，不以损害环境作为发展的代价；五要积极美化自然，促进环境的良性循环。判断生态道德行为的善恶标准是以人类的整体利益为基础的，即改变以生态环境的破坏为代价的生产，谋求以人类生存为根本利益出发点的新的道德准则。

生态伦理提倡人类在满足追求健康而富有生产成果的生活权利的同时应当努力保持人与自然关系的和谐，强调当代人在生产与消费的时候，应使后代，人与自己的机会平等，而不该对后代人的生存和发展构成危害。

第二节　农民生态意识培育的必要性及重要意义

一、当前农民生态意识培育的必要性

中国共产党第十九次全国代表大会的报告指出，“建设生态文明是

中华民族可持续发展的千年规划。我们必须建立和践行绿水青山就是金山银山的绿色发展概念，以及对待生态环境就像保护我们珍贵的生命一样。”

在高速发展的同时，我们存在着大大小小的生态环境问题，这对我国的发展来说已经成为一个很明显的劣势，也是人民群众极力反映的重大问题，必须大力扭转这种状况。中共中央总书记习近平说：“生态兴，文明兴；生态衰，文明衰。”自十八大以来，以习近平同志为核心的党中央认真总结人类文明、经济和社会的各种发展规律，把生态文明建设纳入中国特色社会主义“五位一体”总体布局，最初提出“建立一个完整的生态文明体系”，紧接着提出“以严格的法律体系来保护生态环境”，树立“绿色发展”的新理念。

（一）新时代社会主要矛盾转化的必然要求

正确认识和解析社会主要矛盾，是确定党和国家中心任务，促进社会飞速稳定发展与不断进步的重要依据。党的十九大提出，我国社会的主要矛盾变成了“人民日益增长的美好生活需要和发展不平衡不充分之间的矛盾”，这一点紧紧贴合了新时代中国基本国情的主要特征，是我们党始终坚持辩证唯物主义和历史唯物主义的方法和正确的结论。新时期我国社会主要矛盾揭示了影响人民日益增长的美好生活需要的主要原因，指出了影响全面发展的核心弱点和薄弱环节。如果说，过去我们必须解决的主要问题是发展过程中的数量短缺，那么新时代就给我们提出了提高发展质量的问题。近年来，中国生态文明建设力度加大，成效显著。然而，生态文明建设任重道远，高质量的生态产品和绿色产品仍然供不应求。人们渴望有新鲜的空气、绿色的山和干净的水。在许多地方，人们已经从寻找食物、衣服和生存转变到寻找环境保护和生态保护。经过几十年的改革开放和快速发展，我国社会的主要矛盾发生了变化：从“物质文化需求”到“美好生活需要”，从“落后的社会生产”到“不平衡不充分地发展”。我们需要正确把握新时期我国社会的主要矛盾，并以此来确定下一步工作的重点和目标，这关系到我们的事业发展、工作成果和工作效率。我国社会主要矛盾的变化和中国特色社会主义建设的历史性变化有着不可分割的联系，这一变化要求我们一定要在促进发展的基础上解决发展不平衡不充分的问题，在更大程度上使人民在生态方面日益增长的各种需要充分得到满足。对生态文明建设进行高度重视，培育农民生态文明意识，为进一步推进社会绿色健康有序发展、解决各种各样的环境问题、保护生态系统、完善生态环境监管体系做出应有贡献。

（二）新时代践行“两山理念”的生动体现

“两山”指的是绿水青山及金山银山。“青山绿水”是指人类赖以可持续发展的优质生态环境。“金山银山”是指人类社会中以物质生产为基础的相关社会物质生活条件，是人类在发掘利用自然资源的过程中产生的相应的经济价值和经济效益。这种崭新的绿色理念对新时期我们加强社会主义生态文明建设，不断满足人民增长的生态需求，建设美丽幸福中国有着重要意义。

党的十八大以来，党中央高度重视生态文明建设，为此做出了一系列安排和决策。2012 年 11 月，将生态文明建设正式纳入“五位一体”总体规划，“美丽中国”成为生态文明建设的卓越成就，“建设社会主义生态文明”被明确写入党章。2013 年 9 月，“青山绿水就是金山银山”的绿色发展理念被进一步阐释。2013 年 11 月提出“建立系统完整的生态文明体系”。2014 年 10 月，“保护生态环境”被纳入全面依法治国；2015 年 10 月，“绿色”成为新的发展理念之一。2016 年 5 月，全面绘制大气、水、土壤污染防治三维作战地图；2017 年 7 月，进一步拓展“山、河、林、田、湖、草”的生命共同体概念；2017 年 10 月，“反污染斗争”成为中共十九大提出的“三大战役”之一。把“增强绿水青山就是金山银山的环保意识”写入党章；2018 年 3 月，把“生态文明”写入党章。2018 年 5 月，全国生态环境保护大会提出新时期生态文明建设六项原则。2020 年 3 月、4 月、5 月，习近平总书记分别在浙江、陕西和山西考察。每一次考察，都就生态环境保护、生态文明建设、绿水青山就是金山银山有专门论述，并提出新要求。党中央如此重视生态文明建设，因此在新时代我们要积极践行“两山理念”，将生态文明建设融入四个建设的各个方面和全过程。农民是农村生态文明建设和农村良好生态环境维护的主力军，我们要积极培育其生态意识，增强其环保意识，为践行“两山”理念而不懈努力。

（三）新时代实施乡村振兴战略的必然选择

乡村振兴是全方位的、多维的、深层次的，它不仅关系到农村经济的发展，而且关系到政治、社会、文化和生态文明的进步。我们必须坚持节约成本和保护环境的基本国策，将生态发展融入乡村振兴的整个过程和各个方面，加大生态环境保护权益，并促进整个中国的生态环境发展取得重大突破。乡村振兴战略给农村生态文明建设和发展注入了新鲜血液，也为农村生态文明建设提供了基本保障。乡村振兴不仅是农村区域和农村农业产业的振兴，也是农村生态文明的再次发展。生态文明建设在乡村振兴的整个过程中要求我们寻求一条符合农村地区的现实路径，基于不同地区的优势和特点，找到正确的出发点和切入点，把握事物在不同领域的发展速度，并继续取得稳定的进步。生态宜居是乡村振兴的重要目标，也是国家富强的重要基础和保障。习近平总书记强调，要建设生态宜居的美丽乡村，让农民在乡村振兴中有更大的成就感和幸福感。在乡村全面振兴的道路上，没有农村的美丽，一切强农富农都是空谈。我们要自始至终重视生态文明建设，培育农民的生态意识，为新时期全面实施乡村振兴战略奠定坚实稳定的基础。

二、新时代农民生态意识培育的重要意义

中国特色社会主义进入一个新的时代，对我国各种事业的发展提出了新的、更高的要求，推进生态文明建设，培育农民的生态意识迫在眉睫。我们必须清醒地认识到培育农民生态意识对促进中国经济的快速发展，人类命运共同体的构建，践行社会主义核心价值观具有一定的促进意义。新时期农民生态意识的培育是国家建设的力量源泉和精神动力，

也是新时期内涵的应有之义。

（一）有助于推动我国经济向绿色经济转型

生态文明建设是关系国民利益和民族前景的重大战略路线，是连接经济、政治、文化和社会发展的重要任务。先前古代的发展模式忽略了生态环境，只谋求经济利益，这样一来，生态环境遭到破坏，生态失衡，进一步制约了生产力的发展，加大了区域经济发展的不平衡。提高农民的生态意识，有利于使中国经济向绿色经济完美转型，开辟出一条技术含量高、资源消耗低、环境破坏力度小的现代发展新道路。生态文明建设就是为了人类的永恒持续发展，试图通过构建山明水秀、郁郁葱葱的美好生态家园来满足人们对绿色发展、绿色生活的要求，它是绿色经济发展的基础，也是追赶绿色时代潮流的必然选择。

（二）有助于构建农村生态命运共同体

习近平主席在党的十九大报告中明确指出，“坚持走和平发展道路，推动建设人类命运共同体”的思想是中国优秀传统文化的创造性转化和创新发展，是继承、创新和发展马克思列宁主义的意识形态，也体现了新中国成立后我国对外科学的总结和思考。人类是一种社会存在，当人类从动物中走出来的那一刻起，就一直生活在一个生命共同体中。习近平提出的人类命运共同体理念是新的发展理念，其核心理念是建设一个和平、安全、繁荣、包容、清洁、美丽的世界。农村生态命运共同体的构建要坚持保护生态环境，应对气候变化。生态文明建设对我们未来的发展尤其重要，我们必须着手解决工业文明带来的一系列问题，以人与自然和谐相处为目标，尽全力实现经济的可持续发展和人的全面发展。我们要毫不动摇的坚持尊重自然、顺应自然、保护自然的信念，坚信青山绿水就是金山银山，坚持绿色、低碳、循环和可持续的发展道路，补齐短板，促进 2030 年可持续发展议程的进行，积极采取措施应对气候变化等新挑战，不断扩大生产发展规模，走生活不断富裕、生态逐渐良好的文明发展道路，建立尊重自然、绿色发展的全球生态系统。建设清洁、美丽的世界，需要我们齐心协力，重视生态建设，培育农民生态意识，为构建农村生态命运共同体发挥重要作用。

（三）有助于贯彻习近平新时代生态思想

习近平生态文明思想是习近平新时代中国特色社会主义思想的有机组成部分，是对一系列新想法、新观念、新战略的高度归整和系统全面总结。习近平总书记关注世界文明的演变形式、中华民族的持续发展、我们党的宗旨、人民群众的民生福祉及构建人类命运共同体的宏伟蓝图，用博大的历史深度、厚重的民族责任感、高度的紧迫感、强烈的世界意识，形成了具有中国特色的生态文明理论。习近平总书记把生态文明直接提升到人类文明的高度，提出了“生态兴，文明兴；生态衰，文明衰”；把生态文明建设作为我党全心全意为人民服务的政治责任，提出“生态环境是一个重大的政治问题，关系我党的使命宗旨”“全党应该把生态文明建设作为一项重要的政治性任务”；由于对生态文明建设意义的深刻理解，我们党把“生态文明建设”列入党章，并进一步促进全国人大把生态文明建设写入宪法，使生态文明建设的战略意义，进一步成为我们党和国家的基本思想遵循和行动指南。习近平生态文明思想形成了全面、有理有据的理论体系，回答了生态文明建设的历史规律、根本动力、发展道路、目标任务等重大理论问题，是我们党在理论和实践上的最新创新成果。

第三节　农民生态意识培育的措施

一、培树人与自然和谐共生的观念取向

培树人与自然和谐共生的观念就是要尊重和维护自然规律，秉持“人与自然是生命共同体”的价值追求，改变落后的生产、生活习惯，

树立绿色发展理念，激发农民主体意识，增强社会舆论氛围，凝聚生态文明发展共识。

（一）树立绿色发展理念

习近平指出："绿色发展，就其要义来讲，是要解决好人与自然和谐共生的问题的。人类发展活动必须尊重自然、顺应自然、保护自然，否则就会遭到大自然的报复，这个规律谁也无法抗拒。"[①]树立绿色发展理念，实现经济社会与资源环境的协调发展，是新时代农村生态文明的必然选择。

一是培育绿色发展观。基层领导干部做出的决策、基层政府出台的文件、召开的会议等种种行政行为，影响乃至决定着一村、一乡、一域的经济社会发展；同时，"上有所好，下必效焉"，基层领导干部与人民群众打交道最多，他们的一言一行和所思所想，对人民群众的观念有明显的导向作用。因此，树立绿色发展理念，要首先从领导干部做起，从基层做起。基层领导干部只有牢固树立新发展理念，树立"绿水青山就是金山银山"的强烈意识，树立以人为本、全面发展的政绩观，以实实在在的政绩取信于民、服务于民，真正做到让人民"既有金山银山，又有绿水青山"，才能实现人民生活质量的持续提高。一方面，要通过加强培训、学习和到先进地区考察等方法，用科学的理论、生动的实例来引导基层领导干部在头脑中牢固树立可持续发展理念，坚定基层领导干部进行集约化、科学化发展的信心和决心；另一方面，要通过对生态环境保护好的干部进行优先提拔使用、对以牺牲环境为代价铺摊子、上项目的干部进行相应惩戒的方式，下大力扭转多年来的"唯 GDP"政绩观倾向。

二是培树农民的生态道德观。下大力、多渠道、多方式加强农民的生态道德意识培养，使农村树立符合生态文明建设的新的生态道德观，

① 中共中央文献研究室．习近平关于社会主义生态文明建设论述摘编 [M]. 北京：中央文献出版，2017：32.

主要包括新的伦理观、资源观、消费观、利益观。新的伦理观，就是视自然为人类的生命共同体，亲近自然、尊重自然、保护自然的态度，是对保护自然的强烈的道德责任感。新的资源观，就是充分考虑环境因素，重视资源消耗的成本、环境破坏的成本及完全生产成本，积极保护自然资源。新的消费观，就是提倡健康、适度、绿色消费的观念，购买对环境和人体无害的环保产品，减少制造生产生活垃圾，形成人与自然的良性循环。新的利益观，就是坚持生态利益优先、长远利益优先的原则，重新科学规划产业格局，实现绿色循环发展。

三是培育农民的绿色生活方式。绿色生活是践行生态文明理念的重要标志，生活习惯是否改变是评判农民生态意识是否形成、生态文明素养是否提升的标准和关键。农民应尊重自然规律，注重生态环保，约束个体对自然的破坏行为，自觉从小事做起，从衣、食、住、行的各个方面做起，践行生态环保理念，注重生态保护效益，培养绿色生活的习惯，养成低碳出行、分类投放垃圾、减少污染产生等良好的生活习惯，使得农民在满足物质生活需要的同时，也享受到健康舒适的生活环境。生活习惯的养成除了个人因素之外，还会受外在环境的影响。政府、企业还有个人，都应当从自身做起，践行生态文明理念，为全社会生态环保习惯的养成营造一个有利的大环境。

四是提升农民及农村基层干部生态法律意识。农村环境保护法律的施行和环保工作的开展离不开基层干部和农民群众的广泛参与。基层干部要学法懂法，树立底线思维，方能做到不知法犯法，不以身试法，方能对当地农民起到示范带头作用。农民对于法律更有一种天然的敬畏感，“某某吃官司了”对于老百姓来说是非常严重也非常可耻的事情。政府和法制宣传部门要加大对基层干部的法律培训力度，善于通过破坏生态环境而被追究法律责任乃至刑事责任的实际案例，加强《中华人民共和国对环境保护法》《中华人民共和国土地法》《中华人民共和国水污染防治法》等环保法律法规的普及和宣传，逐渐提高基层干部和农民的生态法制意识和生态文明理念，既在一定程度上预防和遏制了农民自己的破坏环境行为，也有利于农民懂得拿起法律武器，积极维护自己合法的环境权益，震慑身边破坏生态环境的违法分子。

（二）提升农民生态文明主体意识

习近平指出：“生态文明是人民群众共同参与、共同建设、共同享受的事业，要把建设美丽中国转化为全体人民的自觉行动。”[①]农民是农村生态文明建设的重要参与者和直接受益者，是农村生态文明建设的强大有生力量。一方面，只有提升农民的生态文明主体意识，使广大农民自觉参与到农村生态文明建设的进程中，才能实现农村生态文明建设的持续有效进行。可以说，农民的生态文明主体意识是农村生态文明建设的内在动力。另一方面，要充分激发农民的生态文明主体意识，就需要保障农民的知情权、参与权、监督权等权利得到充分落实和行使。

一是要充分调动农民的积极性和主动性。农民建设生态文明的积极性和主动性与农民的生态主体意识互为因果、互相促进。农民具有强烈的生态主体意识，才会以极大的热情投身生态文明建设中去；反之，农民参与生态文明建设首先要有积极性和主动性，才能实现主体意识的觉醒和激发，才能通过衡量自我利益和生态利益做出有利于自身及农村生态环境的正确行为。要调动农民的积极性，需要采取多种方式，例如，通过发放设计独特、画面新颖的宣传册，让农民了解生态权利的内涵及重要性，呼吁广大农民维护和使用自己的生态权利，积极参与并推进农村生态环境得到保护和不断优化。同时也应通过多种多样的活动，让农民知晓自己的生态责任，履行应尽的环境义务。通过义务植树活动，引导农民自觉保持水土、绿化村庄；通过停电一小时、节水小能手等活动，引导农民自觉节水节电、节约资源；通过环村骑行活动，引导农民绿色低碳出行；通过美丽庭院活动，引导农民自觉清洁居住环境，建设美丽家庭。此外，还应将农民的生态主体意识渗透到日常生活中，在点点滴滴的小事中建立起来，在不断地生态保护实践中深化，充分调动起

① 习近平．推动我国生态文明建设迈上新台阶 [J]. 求是，2019（3）：12.

他们生态环境保护的积极性和主动性。

二是要充分保证农民环境知情权的落实。要充分激发农民的主体意识，就需要充分保障农民相关权利的落实。从某种程度上说，农民环境知情权的落实是其他权利得以正确行使的先决条件，只有环境知情权得到充分行使，农民的其他权利才有可能充分实现。因此，地方政府及相关部门应定期依法公开公布当地环境信息，确保农民群众对自己生活生产的生态环境有足够的了解。建立完善的环境信息依法申请程序，规范申请条件、流程、救济方式及救济程序，根据农民的生产生活要求设置简易程序，同时给予必要的帮助。支持和鼓励农业协会等产业协会、农民专业合作社、农业企业参与农村生态建设中，拓宽农民参与生态建设渠道。积极培育新型农村及农民环保组织，各级政府及相关部门为其发挥作用创造必要条件，积极鼓励其在保护农村生态环境、保护农民利益方面发挥作用。

三是保障基层组织和农民生态建设监督权。充分发挥村民自治组织及其他社会组织作用，将农民培育为生态环境破坏行为的重要监督力量。村委会等村民自治组织依法管理农村事务，承担着落实政府相关工作的职责，在农民群众中具有很高的权威性、带动力和凝聚力，特别是在改变农民生产生活方式方面具有不可替代的作用，是维护农村社会稳定、经济发展的重要保障。村民自治组织可通过制定村规民约，村喇叭广播，聘请村民监督员等措施，在充分发挥自身监督职责的同时，不断提高农民生态环保意识，对破坏生态环境的行为进行监督和约束。在农村生态环境基础设施建设、设施管护、运营等方面，建立起农民积极参与的监督机制，激发农民是直接使用人和第一受益人的自觉性，自觉对建设过程、资金使用等进行监督，防止资金的挪用与缩水，保证资金的足额到位，防止出现“豆腐渣”工程。

（三）加强生态文明思想教育

思想教育具有先导性和基础性的作用，知识的学习和积累是改变落后生态意识的基础。从观念上重视生态文明教育，在行动上抓好生态文明教育，对农村的生态文明建设具有重要促进作用。

一是在基础教育和干部培训中提高生态文明思想教育权重。条件成熟时，适时制定出台《生态文明教育法》及地方性生态文明教育条例等配套规章制度，明确规定教育内容及政府职责权限。让生态文明教育进校园、进课堂成为一种常态，进一步增加基础教育中有关生态文明相关知识，完善从小学到大学的生态文明教育体系。更加重视在校学生环保知识和法规常识的教育，从小抓起，从娃娃开始树立环保意识和法律意识，养成良好的行为习惯，成为保护生态环境的知行者。加强党员干部的相关知识教育，提高党员干部关于生态文明建设的知识素养和实践水平。加强对生态环境部等五部委发布的《公民生态环境行为规范（试行）》的宣传落实力度，各地根据本地的具体情况和实际制定具体规范，组织学校、社区、社会组织等协调联动，帮助人民群众树立生态价值观，规范人民群众的生活习惯。

二是丰富生态文明教育内容。通过普及环境保护知识，树立人民群众的生态意识，通过实例讲述全球及我国面临的生态危机，激发人民群众的生态环境保护意识。通过图片展示当前存在的环境问题，例如，森林破坏、水土流失、土壤荒漠化、水体污染、雾霾天气、酸雨重灾区、固体废弃物等，从视觉上激发人民群众的生态保护意识，促使其产生生存危机感，从而主动接受培育，学习更多的生态知识。同时在教育过程中，注意深入阐述生态文明的内涵及重要意义，阐述自然与人类息息相关的密切联系，阐述传统农业生产方式向现代化生态农业转变的优势，落后的生活方式向健康绿色低碳生活方式转变的好处，教育引导人民群众走生态绿色可持续的发展道路。

三是理论实践教育相结合。采用理论实践相结合的教育方法，提高受教育者的积极性和主动性，使生态文明教育发挥更好的效果。通过理论教育，将生态文明教育的内容传授给农民，进一步提高农民的生态意识，让农民清楚明了地知道应该做什么，通过实践教育，如组织有意义的主题实践活动，促使农民用所学的生态知识和观念指导自己的活动，合理安排生活，科学安排生产，实现生态伦理和绿色生产生活方式的知行统一。注重教育实践形式的创新，增强趣味性、知识性和可参与性。例如，利用法定节日、纪念日等形式加大对农村中小学生的环保教育，借助在植树节、地球日、世界人口日、世界环境日等活动中的切身体验，加深巩固学生的生态环境意识；通过开展废旧物品再利用的手工艺品展示、开展节约用水小能手评比活动、实地体验农耕等活动，强化物品循环利用，珍惜每一滴水、每一张纸、每一粒粮食的环保意识；实行“小手拉大手”，由孩子劝导父母进行低碳出行、垃圾分类回收、使用有机肥，让学生在学习和日常生活中点滴践行生态文明理论，使得生态文明理念内化于心、外化于行。山东省环境宣教部门依托社会环保组织，以“公民十条”为依据，开发了一套紧密结合生活实际的生态教育课程，采取垃圾分类大战、周末相约动物园等生动有趣的课程形式，在学校、企业、农村逐步推开，使广大人民群众在欢声笑语中掌握更多关于生态环境保护的知识。

（四）加强农民生态伦理教育

我们只有一个赖以生存的家园——地球。众所周知，地球生态系统的承受能力并不是无限的。人和自然之间不仅存在斗争性，也存在同一性。不论何时何地，我们都应该树立人和自然和谐共处的理念。对农民进行生态道德教育，就是要尊重自然，有自觉、自律意识及平等观念，尊重生态发展的一般规律，积极提倡一种可持续发展的生产方式和健康的绿色生活消费方式。优良的生态环境会使人获得满满的幸福感，只有在这样的环境中，人们的生活才会越来越幸福，所以我们要进一步扩大道德的适用范围，把道德诉求延伸到人类与自然环境的各个方面。为了使人们把保护生态环境的意识转为自觉的实践活动，就必须要全力培养全民族的生态道德意识，只有这样，我们才可以既快又好地解决生态保护的根本问题，为生态文明的发展奠定良好稳定的基础。在一直强调可持续发展的现在，加强农民生态道德教育对生态文明教育来说是不可或缺的。对十生态文明教育来说，必不可少的就是加强农民生态道德教育。

第一，制定生态道德教育目标。所谓生态道德教育目标就是以实施生态道德教育为手段，使其可以满足我们内心所期望的。这个目标指明了其主要内容、发展方向，当然这也是教育最根本的出发点和最终目的，并且关系着整个生态道德教育活动的顺利有序进行。生态道德教育目标的严格制定，会使得教育活动和工作方向更加明确，评价标准更加合理，这样一来，教育任务就愈加明确、精准。制订和实施严谨的教育计划，有助于提高人们行动的自觉性，使教育的实际效果有一个质的提升。对于其目标的制定务必要具体问题具体分析，依据不同的农村和农民的具体情况制定相对应的目标。当然，目标也要有时段性，根据不同时期，制定不同的目标，可以分为大、中、小三个目标，每一个时段的目标务必要分清主要目标和次要目标，以这种形式去做，教育者才能根据不同的目标来做出相对应的工作部署和安排，同时，根据目前已存在的目标来纠正工作中的细小误差和毛病，以此来检验教育工作评判的成果。制定不同阶段、不同层次的不同目标，将教育者与受教育者团结起来，教育活动就会稳定有序地长期进行下去。

第二，完善生态道德教育长效机制。为了使生态教学能够长期实施，生态道德教育活动能够长期进行，需要建立生态道德教育的长效机制。进一步完善生态道德教育的长效机制，首先，相关部门在做发展规划和制定政策时，务必要将生态道德教育作为一个重要部分列入其中，对农民的生态道德教育不论何时何地都不能松懈；其次，设立相对应的奖惩机制。此机制的出现有助于第一时间就对人们的生态道德行为做出评价，使得人们对所作所为有一个更加清晰的认识。因此，在思想政治教育中要制定长期且有效的教育机制，将思想政治教育与生态道德教育相结合，使其贯穿教育的全部。

二、加快生态乡村建设进程，营造良好的生态培育氛围

（一）加快农村绿色经济发展速度

我国经济发展进入新时代，对于如何正确处理金山银山与绿水青山

的关系，并且如何把绿水青山转变成金山银山，是我国实现高质量、高水平发展的重中之重。

第一，因地制宜，发展生态农业。发展生态农业，对于缓解经济和生态两者之间的矛盾有着重要的作用。生态农业就是要最大化的展示农业系统的整体性能，毫无疑问，农业是切入点，按照“统一、协调、循环、再生”的原则，调整和优化农业产业结构，把农、林、牧、副、渔产业与农村三大产业进行综合性发展，促使各产业之间互相帮助，发挥各自的长处，提高综合生产能力。在北方地区，我们要大力推广应用“四位一体”模式。在种植蔬菜或各种果树的日光温室中，修建猪圈和沼气池。通过温室效应解决沼气池越冬和产气问题，为生猪冬季生活生长创造良好的环境，进一步提高生猪出栏率；猪的粪便和人类粪便进入沼气池后，就会产生大量沼气，这些沼气可以供多方面进行综合利用，例如，沼渣、沼液就可以当作优质有机肥为温室种植的蔬菜等作物使用；猪所呼出的二氧化碳可以提高温室内二氧化碳的浓度，提高作物产量和扩大种植面积。在南方地区，我们要推广应用“猪—沼—果”模式。“猪—沼—果（菜）”模式是以沼气为纽带，畜牧业、果业和沼气综合协调发展的生态模式。该模式是以农户为单元，以田地、院落等为依托，建造沼气池、禽畜舍、果园等单元，形成养殖—沼气种植二位一体的庭院经济体系格局。这种方式是以养殖业为龙头企业，以沼气建设为中心，将种植、养殖、加工等产业串联起来，广泛开展关于沼气的综合利用。利用猪粪和农村秸秆等废弃物在沼气池进行发酵，产生的沼气用于解决农村生活需要，利用沼液浸种、施肥、喂猪、养鱼，同时在园子里种蔬菜和一些饲料作物，满足畜禽养殖对饲料的庞大需求，形成一种绿色良性循环。这样一来，既有效解决了秸秆、人畜粪便等废弃物的处理问题了又达到了节约成本、环保干净、增加收入的目的。

第二，引导农民绿色消费。我们要倡导农民在消费时，尽可能地去挑选一些没有被打药或添加色素的健康的绿色产品。绿色产品，是说产品本身的质量符合环境、卫生和健康标准，并且其在生产、使用和处理过程中也不会造成一系列污染，破坏生态环境。绿色食品是对无污染的、有利于人体健康的优质营养类食品的一种形象具体的表述。为了突出这类食品是来自良好的生态环境，并且可以给人们带来无穷的活力和生命力，因此给它起名为绿色食品。绿色食品种类繁多，包含粮油类、蔬菜类、果品类、饮料类、畜禽蛋奶品、水产类、酒类和其他一些品类的食品。在购买果蔬产品时，我们尽量去选择一些有机的、纯天然的产品，不添加任何防腐剂和添加剂的产品。在购买生活用品时，我们可以选择一些不含磷物质的，尽量不去使用一次性筷子、一次性餐盒、一次性吸管等污染环境的一次性物品。这样一来，既满足了我们丰富的生活需求，又让我们对保护生态环境贡献出自己的一份绵薄之力。

第三，融合农村一、二、三产业。将工业与绿色农业相结合，使农村高污染、高耗能的工业成功转型，进一步完善工业布局。寻找农业特色，发展绿色经济，注重保护生态环境，将生态资源作为工业生产力要素的组成部分，建设农村特有的工业体系，摆脱传统工业对自然界的依赖。同时，工业生产中要进一步提高生产技术，按照绿色低碳循环发展的要求去改造农村传统产业，将一些落后产能弃之不顾，提升生产技术和管理水平，减少污染物及污染气体的排放，快速提高产业发展质量和效益，尽力实现健康可持续发展。通过建设集约化生产方式，构建一种绿色环保模式，将农业与相关产业进行融合发展，促进农村绿色经济飞速增长。在农村绿色发展的产业布局中，服务业的比重在不断提高，我们把农业和工业作为发展的基石，形成一种现代化的服务业体系，始终拥有乡村特色，使乡村优秀文化在传承中不断取得新的进步，争取尽早实现休闲服务业与文化服务业的有效结合。服务业以农业景观和工业发展为经济基础，进一步形成农村生产生活循环圈，一、二、三产业的大力融合是农村绿色经济发展的关键。

（二）建立现代农民精神培育机制

农民生态意识的高低在很大程度上会影响农民的环保行动，提高农民的生态环境意识，要求农民尽量多的参与环境保护实践活动，在实践过程中，农民会逐步提高自身的环保意识，强烈的环保意识会使他们积极自觉地参加环保实践行动。一方面，可以促进环境的合理健康发展；另一方面，可以提高农民环境保护的意识水平。据调查得知，当前，农村地区的群众仍旧没有产生较强的环保意识，大多数农民对于参与环保行动缺乏一定的自觉性，对于这样的情形，如果仅仅依靠提升农民素质并不是完全有效的。因此，制定一套明确的制度来推动农民的环保行动就显得尤为重要。

第一，通过物质奖励来激发农民参与环保行动的热情。物质激励是一种外部激励，也就是说，我们通过使用物质鼓励的方法来满足有动力的人的物质需求，从而使他们更有积极性和动力主动去创造更多的财富。物质激励包含金钱、奖品等，它的出发点是关心人民群众的切身利益，满足人们日益增长的物质文化生活的需求。对于自觉参加到环境保护行动的个人或集体，给予相应的物质奖励。因为在当前的形势下，农民主动参与环保的热情并不高涨，环境保护的力度也较弱，通过适当的物质奖励，不仅可以激发农民保护环境的积极性，也可以作为环境保护的经济支撑，让农民的环境保护意识水平整体上达到一个新的水平。

第二，通过精神奖励来鼓舞农民保护环境的行动。精神激励是一种内在动力，是在精神方面的一种无形动力，这是一项全面的、多样化的、广泛应用并且意义长远的工作，它是管理者通过对被管理者进行思想教育，灌输人生哲理，指引前方路途，进一步来调动所有人的积极性、自主性和创新性。对于踊跃参与环境保护的个人或集体，除了给予相当的物质奖励之外，也可以颁发荣誉证书，邀请他们分享自己的心得体会，树立一种典型和榜样，并且用各种传播媒介进行官方宣传，借机来熏陶和激励更多农民积极参与到环境保护的方阵中。

（三）加快农村公共服务设施的绿色改造

一个国家或者一个区域农村经济社会的发展及城乡协调发展水平能够真正展现出该区域或农村公共服务设施完善程度的水平。我国社会主义新农村建设的水准则主要集中反映在农村公共服务设施水平上。加快农村公共基础服务设施绿色改造，有助于推进绿色农村建设，促进国民经济持续稳定、健康发展。

第一，加强农村安全饮水工程建设。县级政府应把农村饮水工程放到财政预算中，积极进行立项申报，争取上级扶持，优先向有资格地区的乡村提供综合供水，并建立清洁用水管理和运作机制，开展农村饮用水源地保护调查，努力划定水源保护区和分类保护区。切实加强对农村水污染防治，充分考虑农村地域特点，实行农资农技一体化，严禁使用高污染高残留农药，大力推广生态养殖，积极走绿色环保之路。

第二，推进农村能源建设。以利用废弃生物资源（秸秆、牲畜粪便、乡村的生活垃圾等）和能源植物为主，培育有潜力的新型生物资源。鼓励建设大型沼气工程，合理布局项目，并根据相应条件做好“一池二改”的配套措施，提高沼气建设工程的“二结合”率。采用小型区域管网和物业式服务的方式，为农村生活提供能源，加快新能源和可再生能源技术的广泛应用和产业的优化升级，改善农村生活用能条件，发展太阳能路灯、“以电代柴”（电磁炉、电饭煲）项目，形成让可再生能源发挥主导作用的清洁能源示范区。

第三，实施农村清洁工程。进行“二清”：清除生活垃圾，垃圾要袋装或集中收集后，统一清运；清除主干道及村道旁的路障，包括水泥、沙子、砖块等建筑材料；清除违章搭建；加快改厨、改厕、改圈速度，扎实推进“厕所革命”启动农村垃圾分类和集中清运。对于冬天取暖，我国出台了清洁保暖补贴政策，鼓励农民改变取暖方式，将原先燃烧煤炭的方式改为用电取暖，继续加强和改善农村民生和人居环境。

（四）完善乡村生态治理体系，引导农民生态实践行为

1. 创新政府工作方法，以增加农民生态实践热情

政府的宗旨是全心全意为人民服务，只有把人民利益作为出发点的政府才是好政府，才是人民的政府。政府必须坚持对人民负责的工作原则，从群众中来，到群众中去的工作方法。在农村生态文明建设中，政府如何坚持、运用这一原则和方法显得尤为重要。

第一，充分利用大众传媒创新政府的工作方法。开会、谈话等方法

作用的是个别或小部分人，而大众传媒作用范围特别广，如一个先进模范人物的事迹，可能会成为一个单位、一个地区，甚至是全国人民学习的榜样。随着科学技术的发展，大众传媒对人们的影响越来越大，人们可以通过网络、电视、广播等形式关注国家大事。政府在农村环保建设中也可以利用大众传媒来开展工作。一方面可以增加影响度力，易于农民接受；另一方面可以扩大影响范围，很好地起到宣传教育的作用。

第二，采用农民喜闻乐见的方式。在宣传生态知识和政策方面，有些地方的环保宣传主要以培训会和手册宣传为主，这些方式陈旧且难以激发农民的学习兴趣。农民作为一个特殊的群体，宣传需从人们的需求出发，采用人们喜闻乐见的方式，提供多种类型、多种风格的形式。如把宣传内容编成顺口溜或歌曲，让农民潜移默化地接受。

第三，运用榜样示范的方法。首先制定评选模范活动的计划。村干部协助乡政府相关部门从本区域的实际情况出发，借鉴其他地方的成功经验，写一份方案。然后做好活动前的宣传工作，政府向农民说明活动的评选要求和奖励，激发农民参与活动的积极性。最后是评选和事迹宣传工作。先在每个村选出模范村民，然后再选出本乡镇的模范人物，最终以乡镇为单位，进行乡镇间的评选。经过一级级的筛选，选出典型人物，再由乡镇的宣传部门向所有村宣传模范农民的环保行为，并给予口头表扬和实物奖励。从而激发农民的环保热情，营造良好的生态环保氛围。

政府创新工作方法有利于提高农民的积极性，有利于提高政府环保工作的效率，从而帮助农民形成科学的生态意识，建设美丽乡村、推进乡村振兴。

2. 加快农村生态法律体系建设

多年来，在环境法治方面，关于环境污染防治与自然资源保护的法律，我国已经制定了二十余部，对于环境污染防治与自然资源保护，全国人大也进行了多次严谨的执法检查。我国环境法律体系已经逐步形成，但是在法律法规的落实工作方面依然存在相关问题。我们只有做好，做扎实农村生态法律法规的落实工作，才能规范农民的生态行为，提高其生态法律意识。

法治是调节社会矛盾、维护社会和谐稳定的有力武器。我们不应该草率地保护生态环境，否则我们会适得其反。我们要按照源头严格保防、过程严格控制、后果严惩不贷的原则，进一步完善促进生态文明绿色、循环、低碳发展的有效约束机制和法律制度。同时，必须加强执法机构的建设，严格执法和公正司法，以确保环境法律法规得到执行。

第一，建立和完善农村生态文明法律制度。从立法上，应重视农村环境保护，坚持城乡一体化立法，加强农村生态立法，制定农村重点生态保护区和立法空白区的专门法律。为了适合新时代发展的需要，对现行的环境保护法律法规进行修改和完善，根据农村人居环境和农村生态环境的特点，建立完整、全面、有针对性的农村生态文明建设法律体系。

第二，提高法治队伍建设水平。改进生态环境司法保护制度，为生态文明建设提供有力的司法保障。加强农村生态文明建设和生态环境保护，建立健全农村环境监管机构，加强对生态法律工作者的教育培训，提高工作人员的敬业精神和职业自豪感，建立一支有觉悟、能吃苦的法治队伍。

第三，构建多元化监管机制。我们应该转变目前由政府部门执法的单调模式，进而建立一种多个主体共同参与环境执法、整治和监督模式。充分利用社会资源，改进农村环境清洁综合机制、减排机制、废物处理机制、废物综合利用机制等，在农村建立有序的环境管理系统。

3. 完善农村生态乡规民约

第一，充分发挥村规民约和村民自治的优势。《中华人民共和国村民委员会组织法（2010 年修订）》第八条规定："村民委员会应当依法对农民共同所拥有的土地和其他财产进行集中管理，引导村民对于自然资源进行合理利用，保护和改善生态环境。"农村生态环境保护是村民自治的重要内容，相应的村民自治也为村规民约发挥作用提供了充分的空间，使其可以在环保实践中得到完善和发展。

第二，培养村民的环保意识和自我动手能力。尊重不同地方的风俗习惯是制定村规民约的前提条件，在其制定过程中尊重科学、民主、合理的原则，目的是为了让村民能够有自觉保护生态环境的意识并可以付出实际行动。在法国社会学家孟德拉斯看来，这是必然的、理所应当的，因为这是一种正确的的生活方式和工作方式。这意味着村民们不仅仅是对规则内容的进一步理解和“遵守规则”的理解，最主要的是要把规则作为实施行动的理论依据。只有真正相信并且愿意遵守村规民约的村民，才可以将自己的角色扮演的更好。

第三，正确把握村规民约与国家法律之间的关系。乡村规章制度的制定必须按照现有的法律原则和制度，其内容和程序必须严格遵守国家法律的有关规定，对于神圣不可侵犯的宪法和法律必须严格遵守。换言之，法律也要对村规民约的制定有起码的尊重，可以为村规民约的制定和适用性提供系统全面的法律依据。考虑到环境问题是多变的，村庄环境保护规章制度应该更有远见，国家法律必须明确规定乡村立法的变革机制，包括建议、修改和执行，以确保修改的乡村环境保护规章制度的及时性和适用性。

（五）积极发展农村生态文化

生态文化是在尊重自然的前提下保护环境，并且促进资源可持续利用的文化。生态文化的形成意味着以前人类占有自然的腐朽落后观念开始进行根本性的转变，象征着从以人为中心的价值判断向人与自然和谐共处的价值取向的完美转变。生态文化是一种价值观，是人类社会与自然界互相协调的精神力量。生态文化是一种人文文化，生态文化把和谐、协调、持续、稳定、多样性等观念融入自己的伦理体系，着眼于可持续发展，既关心人的价值和精神，也关心人类的长期生存和自然资源增值。生态文化是一种积极向上的文化，生态文化提倡人与自然和谐相处的价值观，是人类根据人与自然生态关系的需求，及最大程度上解决关于人与自然关系暴露的问题所折射的一些思想、观念的总和。农村生态文化的开展实施，直接影响着全面建成小康社会的落实，因此，我们要鼓励农村发展生态文化，促进实现可持续发展的文化。

第一，鼓励大学生返乡发展，建设一支高素质、高水平的生态文化建设队伍。学校应积极与教育部、党政系统建立合作机制，加大针对性培养力度，形成人才输送和培养模式，大力促进和鼓励大学生返乡发展。完善机构设置、工资保障、学习培训等方面的政策，吸引优秀人才到基层，全心全意为基层服务。公布定向培养的岗位、效益、人才输送和培养模式，尽可能多地给予优惠政策。积极落实相关政策，宣传相关政策措施，鼓励地方大学生有针对性地参加培训。为了鼓励各大学校的学生在毕业后积极到农村从事相关的文化工作，设立诸如大学生村官考试等各种招生考试，使得农村地区可以拥有一支有想法、有活力、有干劲的高素质生态文化领导小组。

第二，完善农村生态文化建设体系。中共中央财经领导小组办公室副主任杨伟民在详细解读十八大报告时指出，促进生态文明的建设迫切需要改革和创新，进一步形成一个适用于生态文明理念要求的制度。环境法律法规的执法应当加强村民法律意识，以及教他们正确使用法律来维护他们的权利。运用法律、法规和道德观念一起来约束村民的生态实践活动，引导其树立生态意识，促进其养成良好的生态文明行为举止。政府应该畅通监督渠道，制定相应的奖励措施，及时处理相关问题，使村民认为政府高度重视生态环境，并且积极落实“以人为本”的理念。

第三，加大对农村生态文化建设的投资力度。生态文化的教育和有关方面的宣传都需要大量可靠且长期存在的专项资金的注入。因此，政府不仅要在这里投入大量资金，还要建立一套完整且严谨的资金管理和审计制度，使每一笔支出都透明公开。农村基础设施基本建成。一方面，政府可以投资建立一个图书馆，根据当地的实际情况，购买一些与农业新技术和生态农业经济技术相关的书籍，使农民找到更多脱贫致富的途径；另一方面，政府可以在这方面多花资金，给农民举办相关的交流活动，组织各类农业论坛及学术交流会，增加农民对于农业及生态意识的认知。

（六）明确各方职责和任务形成工作合力

在农民生态意识培育过程中，合作十分重要。除了发挥政府的主导作用之外，还需要社会各方面的积极参与。

媒体在此过程中发挥着重要作用。各类媒体应该加大对生态文明建设的宣传力度，比如，在黄金时间段播放生态知识、政策、法律法规等。同时，加大对生态模范农民事迹的宣传，以形成良好的社会学习氛围。充分发挥媒体高速、见效快的优势，为生态文明建设搭建一个平台。

企业在生态文明建设中也有不可小觑的作用。首先，企业可以为农村生态建设提供物质支持。有些地方生态农业发展才刚刚起步，资金紧缺的问题时有发生，所以企业可以参与到生态农业中，类似于合伙经营。其次，企业可以提供技术支持。生态农业的目的之一是生产绿色、无机农产品。如果没有技术，绿色农产品无从谈起。相关企业可以派出技术员给农民做指导，并全程进行跟踪，生态农业的一个主要特征是提高自然物质的利用率，如太阳能的利用，可以利用太阳能给蔬菜大棚提供热量，利用太阳能解决机器在农业耕种过程中的动力问题，利用太阳能发电等。高科技所带来的益处，必然触动农民的思想，使得他们主动追寻科学的脚步，在实际的生产生活中形成生态科技意识。

只有在政府的主导下，通过社会各方面的共同努力，形成合力，培养农民科学的生态意识、建设农村生态文明、推进乡村振兴进程才能成为可能。

第六章　生态学视角下的农业发展思考

第一节　生态农业概述

一、生态农业的概念

传统生态农业概念如下：生态农业是从系统理论思想出发，以生态学理论为依据，综合运用现代科学技术成果和管理手段，在一定区域范围内，因地制宜地组织、规划进行的农业生产。这种农业生产是无机农业和有机农业的有机结合，它是用生态学的原则来管理和建立的生态上能自我维持的、低输入的、经济上可行的农业生态系统，包括农、林、牧、副、渔等。生态农业主要依靠农业生态系统的良性循环来发展农业，这是一种低能耗农业，主要靠太阳能和生物资源的充分利用，以尽可能少的能源、化肥、农药投入，求得尽可能多的深加工原料；对土地精耕细作，使农工贸一体化、产供销一体，较为理想地实现农业现代、生态环境的保护、能源的节约和再生利用、社会经济效益等综合统一，实现社会和经济效益双赢，生产和环保协调发展，为农业生产的现代化进一步发展开辟了新的前景。

上述概念过于冗长，解释过多，存在的问题有四个：一是原则太多，包括系统理论、生态学理论、综合运用、因地制宜、规划进行、无机农业与有机农业结合、生态学原则，等等。二是限制条件太多，如在一定区域内、主要依靠太阳能和生物质能、尽可能少、尽可能多、较为理想等。三是含糊，如有机和无机结合，怎么结合没有说，经济上的可行性也很弱。四是没有旗帜鲜明地说出生态农业特点，即杜绝化学农药等有害化学物质，发挥农业环境保护与健康功能，所生产的是健康食品，其经济效益高于常规农业等。至于生态农业的能源节约与再生利用、社会效益与经济效益是生态农业的副产物，只要认真发展生态农业就能达到，不必要刻意强调。

为此，我们提出生态农业的概念如下：生态农业是在生态科学理论的指导下所开发的环境友好性、耕地固碳固氮型农业，是基本不使用人工合成的化学物质（如农药、除草剂、地膜、激素、转基因种子），而满足植物健康生长的一类农业生产方式。长期坚持下去，耕地生产力不断提高，生产出来的食物为绿色食物（使用少量化肥，其余化学物质不用）或有机食物（化肥也不用），在市场上价位高于常规农产品。

总之，生态农业是在传统农业智慧的基础上，利用现代生态学原理和技术提升的一类环境友好型农业模式。经历 100 多年的发展，生态学日益成熟，在我国已经成为与数理化并列的一级学科，一些基本原理应用到农业领域，发挥了越来越重要的作用。现代生态农业不仅突破了人们所担心的产量低问题，而且在环境保护、遏制气候变化、全民大健康工程、乡村振兴、城乡和谐发展、生态文明建设等重大环境与健康问题上发挥着主导作用。

二、生态农业的范畴

如果仅仅因为保护环境而发展生态农业，这样的农业显然没有推广的必要，生态农业的首要任务是提供人类丰富的健康食物。凡是符合生态学做法的，完全不用（有机农业）或极少量使用（绿色）有害化学物质的农业方式，都属于生态农业的范畴，包括有机粮食种植加工与销售；海洋自然捕捞、天然淡水渔业、草原放牧的产品、森林食物采集；自由放养的动物；不用农药、除草剂、激素、地膜、转基因种植的蔬菜、中草药、茶、水果等生产、加工与销售等，都属于生态农业范畴。这类食物与工业化食物完全不同，从营养、农药残留、口感、价格上明显区分开来。生态农业具有较高的生物多样性，尤其是土壤微生物多样性，自然生态平衡；在必要的时候用物理加生物方法控制虫害，不用化学农药灭杀；对于杂草，则采取机械处理与人工处理相结合的办法，尽量避免使用有害除草剂。生态农业不仅需要建构人与自然共生、循环的关系，而且需要构建人与人之间的合作关系。

三、生态农业的优势

目前，围绕着人类食物链和农业生产，人类投入了大量化学物质，这些化学物质如果采用生态农业的办法，绝大部分可以停止使用。生态农业涉及的范围很广，农、林、牧、副、渔都会涉及，但在每一个环节都有物种的贡献，都有从事该行业农民的贡献。生态农业的典型特点是：一是优美的生态环境、人与自然和谐共生；二是元素循环再生、生态平衡；三是多样化的栽培物种；四是杜绝农药、地膜、除草剂、人工合成激素用量；五是为发展绿色农业使用的少量化肥被农作物吸收而不是污染环境。概括起来，生态农业具有以下八大优势。

第一，生态农业保护生态环境，告别面源污染。没有健康的农业发展，生态农业就无从谈起。农田中的主要害虫和杂草其实都是自然界正常的物种，能够用物理方法干扰控制的，尽量不用化学办法，能够恢复生态平衡；对产量不造成明显影响的，尽量减少人为干预，既节约人工成本，还保护了农田生态环境。根据我们的前期研究，如果发展生态农业，将目前 90% 以上的农药和 50% 以上的化肥停下来，对产量影响并不大。

第二，生态农业产出的食物质量高，很少有农药残留，甚至达到零农残。由于前期投入的化学物质非常少，并且尽量投入可降解的生物类农药，再加上自然界的自净能力，以大量有机肥为主，这样的农产品基本不存在农药残留。如果农产品后期检测出多种农药残留，根本就不是在生态农业系统里生产的。

第三，生态农业单位土地经济效益高。目前由于采取粗放式的化学办法种地，虽然产量相对较高，但价格便宜，有时市场不好还会烂在地里，资源浪费严重。提高经济效益的办法有两种，要么继续扩大土地规模，使经营者有利可图，但质量会下降；要么提高产品质量，提高价位，再加上生态农业并不减产，对于消费者和生产者都是好事。前者购买了放心食品，保护了自身与家人的健康，后者增加了收入，更愿意向土地中投入优质劳动力。

第四，种养结合、种植多样化、间作套种、立体种植。这是生态农业的最大优点。生态农业的大量肥料来自系统本身，“六畜兴旺”才能“五谷丰登”。在少量土地面积上，可以提供大量食物种类；豆科与禾本科植物间作套种，可以直接利用空气中的氮源；立体种植也能实现。生态农业中，食物多样性高，这是其他农业方式所不能做到的。物种多样性丰富，系统就稳定，抗风险能力就高。

第五，生态农业产量高。生态农业产量并不低，由于用地养地，被带走的养分通过有机肥或少量化肥补充。更关键的是，由于化学物质少，土壤动物和土壤微生物丰富，这些生物就间接将土壤中的矿物质释放出来，供植物根系吸收。在这种模式下，如果坚持长期养地，产量是会稳步增加的。

第六，全面提高水分与养分利用效益，节约资源，不产生浪费。由于生态农业尊重植物生长规律，因地制宜，根据农业的气候特点安排种植和养殖。与自然规律相一致，遵守二十四节气的农时，其水分、养分利用效率高，加上饲养动物排泄的粪尿，乡村餐余和农作物秸秆都能利用，增加了资源利用效率。所有这一切要实现，必须有人气，人在其中起到了非常大的作用。

第七，生态农业是耕地固碳型的，由碳排放逆转为碳吸收。目前的农业模式是排放温室气体的，高达 44% ～ 57% 的温室气体来自现代农业及其相关的工业活动。用有机肥替代化肥可显著减少温带农田温室气体排放量。减少化肥使用，增加耕地有机质，可将温室气体埋藏到地下，这个功能是生态农业的副产物。

第八，发展生态农业可全面带动农民就业。由于优质优价，加上生态环境优美，对城市人群有很强的吸引力。农业要素容易变成商业要素，从养殖到种植，从收获到加工，从加工到销售，从餐饮到观光旅游，从保健到养生再到养老，乡村可以就地城镇化，吸引农二代、大学生二代，乃至城市精英就业。

四、生态农业的科学原理

（一）水热耦合原理

农田生态系统由气候、土壤、生物等因子所形成。其中，气候中的大气温度和降水占主导地位，对其他因子产生重大影响。农田是由改造自然生态系统而来的，在不同植被地理背景下，农田生产力或产量受水热组合影响最大。自然界中，最高生产力是热带雨林，是在不施肥不打药的基础上实现的。热带雨林的水热条件最好，元素循环快。在农田中，光照、CO_2都不是限制因子，而水热条件，尤其是水热组合，最能反映农田生态状况。中国草原是雨热同期，而地中海附近、非洲的部分草原，雨热出现的最佳时期是冬夏季分离的。

水利是农业的命脉，在不同气候带上水热组合决定了生态系统的生产力。生态农田尽量利用天然降水，适度利用客水或地下水，做到“旱能浇、涝能排”。热即热量，地球上的一切热量来自太阳，热对植物生长发育乃至群落分布有重要的作用。在阳光不缺少的地方，热量尤其与水的耦合对农业增产的作用大于化学肥料。生态农田利用自然界的热量，不搞反季节种植，充分利用我国水热同期的优势，因地制宜发展适合的作物。高温的夏季杂草生长也很繁茂，如将杂草作为资源利用起来改良土壤，也是在生态农田利用热量资源的有效途径之一。

（二）土壤碳氮库增长原理

碳表现在土壤中即有机质。目前，我国耕地有机质普遍偏低，平均

1% 左右。通过有机肥养地，可大幅度提高土壤含碳量。这里的有机肥指自然界中的所有光合产物及其衍生物，不仅仅是传统理解的人粪尿和动物排泄物。生态农业中的有机肥以植物源肥料如绿肥、秸秆肥、杂草肥为主，最大限度地利用人与动物肥。通过研究发现，在暖温带湿润地区，当生态农田有机质提高到 5% 时，在这样的土壤肥力下，即使空白对照（不施肥）的作物产量，也能超过了吨粮（小麦玉米周年产量）。

氮是植物光合生长必需的元素。自然界可以利用的氮都来自空气，空气中的氮气含量为 78%。生物固氮、雷电固氮、干湿沉降都可以提供氮源。在种植过程中，用以上培育碳库的办法，培育土壤氮库，通过微生物活动固定空气中的氮，并活化土壤中的氮。碳与氮之间的比例约为 10 ∶ 1 至 12 ∶ 1 之间，当土壤中的含碳量增加到 5% 时，即使按照碳氮比 10 ∶ 1，也意味着每亩 20 厘米耕作层中有 1.75 吨纯氮，这些氮不会像化肥那样流失。因此，人类离开化肥厂，也能够满足作物需要的氮。由于土壤中基本不缺少磷和钾，解决了氮的问题，鳞、钾和其他大量元素与微量元素的问题也就迎刃而解。基本思路是：每年将籽粒带走的氮双倍还回土壤，使土壤可利用氮不断增加。因此，合理的碳氮比对生态农田异常重要。

增加土壤碳氮库的办法有很多，除每年添加有机肥外，秸秆还田、种植或施加绿肥、利用杂草肥都是很好的办法。生态农田必须每年添加碳和氮，不能依靠化肥替代。我国农区使用了四五千年的农田没有退化，就是有机肥养地的结果。过去动力不足，有机肥来源少，农田产量低。如今，这些问题都已基本解决，通过培育土壤碳氮库增产技术已经非常成熟。

（三）生物多样性原理

生态农田具有丰富的生物多样性，尤其是土壤生物多样性。农田生物多样性包括种植物种（植物、菌物）与养殖物种（动物）多样性。在一个多样性的农业生态系统中，其稳定性也较高，抗自然灾害能力加强，同时延长了农产品货架期，避免集中上市带来的农产品滞销。

害虫与杂草本身就是普通的物种，它们的作用也是辩证的。害虫会吃植物，但也会给一些虫媒植物授粉，害虫是益虫的食物，害虫死亡后，其尸体可以参与构造土壤中的团粒结构；杂草会与庄稼争养料，但也会增加土壤中碳、氮等营养。杂草根系及其分泌物对于土壤中的生物多样性维持和保持良好的土壤结构起到了十分重要的作用。当然，对于害虫和杂草必须进行管理，农民付出的辛勤工作是管理它们，不使其危害农田，并变害为宝。

（四）生态位原理

农田生态系统中，不同物种都有自己的生态位，在时间和空间上所占据的位置不同，大部分时间物种相安无事，只有到生态位重叠时，才会发生激烈的竞争或对抗。生态位是生态系统中每种生物生存所必需的生境最小阈值。拥有相似功能生态位，但分布于不同地理区域的物种，在一定程度上可以称为生态等值生物。生态位与资源利用谱相对应，生态位宽度是指被一个生物所利用的各种不同资源的总和。

在农田中，因种间竞争，一种生物不可能利用其全部原始生态位，所占据的只是现实生态位。作物的生态位是人为保护的，往往为了高产，人工除草或机械除草去除竞争者。土壤表面下的一定高度和深度，是土壤微生物、蚯蚓、线虫等动物的生态位，一些害虫的幼虫也分布在土壤中。利用生态位的空间差异，可以减少杂草控制成本，如果果园和葡萄园生草，就是利用乔木（藤本）与草本植物生态位的不同原理；种植高粱也可以控制杂草，因为高粱为高秆作物；利用生态位时间差异可以控制害虫，如诱虫灯捕杀的往往是夜行害虫，而益虫因为多在白天捕食较少受害。夏季的杂草很难在春季生长，因此，可以利用夏季高温多雨生长杂草，混播豆科植物养地，然后种植越冬小麦，小麦产量可以提高。这是利用小麦与杂草的时间生态位原理，在北方农田，玉米夏季农田杂草以牛筋草等为主，小麦以播娘蒿为主。

（五）生态系统原理

生态系统指在自然界的一定空间内，生物与环境构成的统一整体，在这个统一整体中，生物与环境之间相互影响、相互制约，并在一定时期内处于相对稳定的动态平衡状态之中。生态系统能够自我维持、自我更新，并且具有一定的恢复能力。掌握了农田生态因子的变化特点、物种组成及其相关关系，人类就可以利用所掌握的生态学知识进行农田生态系统设计，力求获得最大的产量、生物量或者最高的经济效益。

间作套种、林禽互作、果禽互作、林粮互作，药粮互作、稻田养鸭、稻田养鱼、莲鱼共生、鱼菜共生等，都是利用生态学原理进行的农田生态系统设计。在该类设计中，最重要的因素是种子。种子是农业的重要“芯片”，人类造不出种子来。除为动物生产饲料利用一部分杂交种外，基本都使用老种子。鼓励农户自留种子，常年生态育种与自留种，产量有增加的趋势。生态农业模式杜绝转基因种子，这是因为转基因是违背自然规律的。

在生态农业系统中，农业不是现代化学污染源，不是温室气体排放源而是温室气体库，从源头上解决了面源污染问题。农田生态环境大幅度改善，农田生物多样性将逐渐恢复，农产品不再含有人为添加的有害化学物质。目前，围绕食物链合法使用的化学物质高达5万多种；农产品提供的优质健康能量，重大疾病发生率将大幅度下降；农业将成为附加值很高的产业，大学生二代、农二代等年轻人可以进入农业领域；优良种子资源可以长期保留下去；病虫草害发生率基本可控，土地越养越肥，耕地生产力将得到稳定提高。

五、生态农业主要应用技术

通俗地理解生态农业，就是在种植过程中不用农药、化肥、除草剂、地膜、植物生长调节剂与转基因种子；在养殖和加工过程中不使用饲料添加剂（尤其重金属）和食品添加剂；动物可以享受阳光、新鲜空气、脚能够踏地，水禽类能有戏水的自由，而不是在传输带上长大的。这样的农业模式包括“六不用”和“五不用”（仅用少量化肥，其余不用）两类：做到“六不用”就是实现了的有机产品；做到“五不用”（即在全部生产过程中杜绝农药、化肥、地膜、除草剂、激素与转基因种子使用)，就是实现了的绿色食品。

从理论上讲，从小范围实践成功案例来看，完全不用化肥农药等是能够产生出足够的食物来满足人类可持续生存的。生态农业绝对不是落后、低产、低效的代名词，相反，生态农业是高效的，是高产的、高附加值的，能够带动农民与农二代、大学生二代就业。生态农业除使用机械、电力和燃油外，其余石化类农资已基本停用，其主要的投入是劳动力。在目前资本市场下，劳动力就是金钱，是最安全的生物生产力。生态农业不是不需要现代科学技术，而是需要很多环境友好的科学技术。

（一）物理加生物防虫技术

这是中国人自主发明的技术，是利用害虫的趋光特点吸引害虫进行诱捕，同时恢复天敌控制害虫。该技术来自物理学和生态学的贡献，即从源头控制雌虫数量，将交配后的雌虫连同雄虫通过物理方法控制，因害虫雌虫不能回到土地产卵，留下的后代越来越少，再加上天敌恢复，害虫不至于产生危害。害虫这些物种虽然还在，但是危害基本得到了控制。

（二）有机肥养地技术

这是来自生态学的直接贡献。地球上所有的光合产物及其衍生物均可以做肥料，这些物质包括植物枯落物、秸秆、人与动物的排泄物、动植物死亡物、农产品加工废弃物、菌类养殖废弃物、可降解生活垃圾等。我国仅大型养殖场粪便折合化肥就达 7 000 万吨以上，超过化肥使用量 5 900 万吨，秸秆、可降解生活垃圾、餐余中含有的养分数量也很大。停止向农业生态系统投入化肥、农药、除草剂、地膜等之后，土壤微生物和动物得到休养生息、物种消失得到遏制；持续投入有机肥、绿肥、杂草肥等生物质肥料，可实现耕地碳库与氮库双增加，人们担心的产量问题也会得到合理解决。

（三）生物与机械控草技术

这是来自生态学与物理学的贡献。除草是农业生产中最辛苦的环节，采用生物、机械、人工等办法，根据不同生态位，该除草的除草，该养草的养草，利用动物和草治草，发展小型除草机械。鼓励农民多付出劳动，其劳动强度比在城市打工低，但收入却高于在城市打工。当农业管理的收入超过进城打工的收入时，年轻农民陆续回乡，农业后继有人，一些传统农艺就得到传承。

（四）生物控病技术

这是来自生态学的贡献。该技术充分发挥物种尤其是微生物的作用，尽量不让庄稼、蔬菜、果树生病，从源头上停止各种防治植物生病农药的使用。该技术与有机肥养的技术配合使用，会发挥更重要的作用。在自然界中，热带雨林、草原、湿地、海洋、森林都是不生病的。在生物控病技术中，微生物制剂、中草药提取液、沼液等也可以发挥有效的补充治理作用。

（五）动力与灌溉技术

这是来自物理学的贡献。为了降低劳动强度，收获、储存、运输、灌溉、尽量采取机械措施，农机部门应多研发一些实用性农业机械。目前的动力很足，大型设备可用作整地、耕地和中耕除草，自动喷灌设备可布局到田间地头，大幅度提高劳动效率，同时降低劳动强度，让农业变得不那么辛苦。

（六）农产品加工技术

农产品加工是使农产品升值的重要渠道。利用物理或生态的办法替代几万种有害化学添加剂，进行农产品加工，提升农产品附加值。农产品加工应以小型化、家庭化、多元化为主，带动农民专业化分工，带动更大范围内的就业。尽量不采用规模化做法，从而避免市场竞争风险。传统的食品加工工艺，在高效生态农业体系中将发挥巨大的作用。以白酒为例，那些动辄上百上千乃至上万的白酒，其实粮食和瓶子等成本只有区区十几元或几十元。生态农业食品加工，要停止使用防腐剂和形形色色的工业食品调节剂。

（七）互联网技术

互联网技术或者信息技术，是来自数学的贡献。没有销售渠道的农业要少搞，优质农产品销售是关键，高效生态农业必须有自己的定价权。要发挥互联网与物联网优势，线上与线下相结合，网上购买与现场体验相结合，将优质农产品以优质价格销售出去。互联网技术保障了顺季节多种经营，延长了货架期，避免集中上市带来的农副产品滞销的风险。

（八）物流技术

目前物流技术在我国已经非常成熟。该技术可以使自然界中适合人类食用的食物，从深山老林或者远洋进入人类的餐桌，满足日益增长的人口需求。收获或捕捞各种自然来源（如海洋、草原、森林、湿地、荒漠等）的食物都是生态农业的范畴，并且提供的是无须认证的有机食品。

第二节 食物生产的生态思考

一、植物性食品生产的生态思考

一般农产品、林产品、园艺产品都算作是植物性食品。植物性食品是人体碳水化合物、维生素、无机盐和膳食纤维素的良好来源，是我国人民膳食构成的主要部分。本节以种植业为例，探讨生态种植业的发展与建设。

（一）植物性食品生产的生态发展途径

生态种植业是一种在种植业生产实践中形成的兼顾农业的经济效益、社会效益和生态效益，结构和功能优化了的农业生态系统。我国生态农业的发展任重而道远，需要加大力度推进生态农业建设，具体途径如下。

1. 开展高产创建工作，提高粮食生产能力

根据全国各地域自然环境和种植业发展的特点，重点发展与之相应的粮食生产，带动县域其他乡镇粮食基地的建设发展。以建设高标准基本农田为着力点，加大中低产田的改造力度，不断提高单位面积产量。提高良种供应保障、科技支撑、基础设施、物质装备、粮食加工转化和农民自我发展等生产能力，使粮食生产水平显著增加，基础设施和生产条件明显改善，抗御自然灾害和市场风险能力明显增强，土地产出率和劳动生产率明显提高，粮食产量、品质、效益和竞争能力明显提升。将粮食产区建设为田间设施齐备、服务体系健全、区域化、规模化、集中连片的粮食生产基地。

2. 优化种植模式，加大粮食作物结构的调整力度

在粮食消费的主产品上向优质化方向开发，发展名、特、优产品，开发部分特殊粮食作物。多途径调整粮、油、菜、果等种植结构和品种结构，形成优质专用粮油、菜、果种植基地。开拓农产品市场，实施种植业规模化、专业化、集群化建设，不断改善品质，营造名牌效应，面向国内外市场，拓宽农产品的销售渠道，丰富市场供给。

3. 加强农业机械化建设，提高农业效率

加强农业基础设施建设，推进农业科技进步和创新，提高单位产出效益，确保农业综合生产能力稳定增长。推进粮食种植常规机械及配套机具装备的技术改造，更新换代，加快节能环保、高效、特色新机具和新装备的引进、示范和推广应用，拓展农机具应用领域，提升农业技术装备水平。

4. 加强农田环境保护

控制农业面源污染，实施农业清洁生产。按照“减量化、再利用、再循环”的循环经济发展原则，结合各地农业的技术经济特点，积极推进农作物秸秆废弃物资源的合理利用与资源化利用，减少农药、化肥的施用，减少废旧农膜等农业废弃物污染，重点实施农业面源污染防治项目。推动耕地利用与保护，从传统粗放型向现代集约型转变，农用化学

品投入从经验型向精准高效型转变，提高化肥农药等投入品的利用率，提高优质有机肥料的施用量，提高农村秸秆的综合利用率，加强农业环境保护建设及农业生态环境综合管理。

5. 积极培育和引进粮食加工企业，提升产业组织化程度

大力扶持粮食产业化龙头企业，完善粮食产业化经营，以市场为导向，以科技为依托，以农户为主体，以粮食购销企业和加工企业为龙头，将粮食生产的产前、产中、产后等环节连接起来，建立现代粮食产业体系。发挥龙头企业与市场联系紧密、信息广的优势，及时、准确地为农民提供粮食生产的市场信息，以市场指导生产；通过订单和价格与农民建立互惠互利的共同体，引导农民调整粮食种植结构，建立优质粮油生产基地。加大对龙头企业的扶持力度，重点对商品粮生产区域科技水平高、牵动力和辐射力强、企业经营状况良好、资产负债率低的粮食加工和购销企业给予一定的政策、资金、税收等优惠政策，加快建立以加工业带动第一、三产业发展的模式。

（二）科学施肥与农业生态环境

我国农业粮食的增产，主要依靠肥料的大量投入。20 世纪 80 年代，化肥对粮食增产的贡献率达 50%，然而到了 20 世纪 90 年代和 21 世纪初，化肥用量持续快速增长，而粮食产量却徘徊不前，粮食生产成本增加，化肥的增产效益下降；另一方面，化肥不合理施用引起的农业生态环境问题日渐严重。造成这一后果的主要原因是我国农业生产长期以来只重视用大量化肥等投入来改善作物生长的土壤环境，而忽视了化肥特别是化学氮肥对环境的潜在危害。因此，如何根据长期肥料试验研究平台，阐明化学肥料对作物的产量贡献、土壤质量演变规律及长期施用化肥的环境效应，同时在农业生产实践中应用和推广是我国农业走向高产优质、资源高效和环境健康现代农业的重要途径。

1. 平衡施肥技术推广应用情况

平衡施肥是提高作物单产、改善作物品质、降低生产成本、减少肥料污染、维持农业可持续发展的重要措施；是依据作物需肥规律、土壤

供肥特性与肥料效应，在施用有机肥的基础上，合理确定氮、磷、钾和中、微量元素的适宜用量和比例，并采用相应科学施用方法的施肥技术。科学合理地使用化肥，防治其造成的污染是农村生态环境保护的重要组成部分，是改善农村生态环境质量的重要措施。

2. 加强政策引导

一方面加强对化肥产销的宏观调控和政策支持；另一方面，是规范肥料市场秩序，为化肥经营创造良好的外部环境。按照政府为主导、科研为基础、推广为纽带、企业为主体、农民为对象的基本原则，通过各环节的有效配合与互动，推进我县农业施肥体系向着企业有效益、农民得实惠、土壤环境得到良好保护的和谐发展目标迈进。

3. 加大农业的投入和农业技术推广力度

农业主管部门要发挥其行政协调作用，加大农业的投入和农业技术推广力度，把农业专家、农技三站、生产企业、流通环节等各方优势资源加以整合，并给予支持，建立一套长效的农业技术推广运行体系，并增加经费投入，充分发挥农业科技人员的职能作用。大力宣传使用化肥过程中不合理使用化肥对农村生态环境和人类造成的危害，要使广大农户牢固树立起农业环保意识，切实遵照农业可持续发展的战略原则，制止农村生态环境质量不断恶化的势头。加强指导农户科学合理地使用化肥，根据不同作物特点合理分配化肥比例，减少化肥对环境的污染。与此同时，大力推广化肥深施技术和平衡施肥技术，推广行之有效的测土配方施肥技术。根据不同地区土壤性质的不同、农作物的不同及其不同生育时期营养需求的不同，合理搭配化肥品种，施用不同配方肥料，尽可能减少肥料流失量，提高肥料利用率，并积极研制、开发有机肥，保证有机肥的施用比例，达到改良土壤的目的。

（三）农作物虫害生物防治技术的推广与应用

所谓生物防治，就是引入微生物农药或有利的生物来对虫害问题进行预防和治理。其与传统技术的主要区别在于清除了化学药品的残留、不会对环境造成污染、很大程度上保障了农作物的品质。虽然其防控周期长于传统化学药品，但是能够保持较长的低虫害状态。目前，其主要应用于基因工程。

若想使农作物的虫害问题得到有效解决，种植人员必须熟悉各种农作物的虫害预防和治疗时期。然而，现阶段绝大多数农民并不能准确判断解决问题的良好时期，由于农民知识有限，也不能对农作物的生长情况进行研究分析。农民一般都是在虫害问题已经发生甚至虫害问题很严重的时期才考虑防治问题，并且不会运用科学手段来解决。这样不仅会给防治工作带来很大问题，还会使防控的效果不能得到有效发挥。

随着环境污染及极端天气状况的加剧发生，虫害种类在不断增加，虫害问题也变得更加棘手。用不科学的手段来解决虫害问题，从根本上加快虫害的繁殖周期，使农民的种植工作变得更加艰巨。

1. 生物防治技术的应用与推广

该技术的应用以预防和治理为主，以关注种植环境的生态问题为中心来应用推广。在对虫害问题的预防治理阶段，首先应该对害虫的天敌进行研究，尽量增强天敌的作用，减少化学药品的使用。在虫害问题比较严重的地区，农民不仅需要对农作物进行综合性的预防治理，还需要关注种植地区的生态问题，并采用物理和工业相结合的手法，定时定量地采用生物防治技术来保证生态环境不受污染。

由于在农作物上大力推广和应用生物防治技术，其在植物的育种和繁衍阶段起到了不可忽视的作用。首先，当工作人员将农作物的优良基因嫁接于另一个农作物甚至另一个品种时，运用基因工程来育种繁衍，可以获得高品质、高产量的农作物。通过生物防治技术在农作物上的应用，不仅能够简化农作物培育的整个环节，同时节约了时间，使虫害问题得到迅速解决，还可以大力提高农作物的抗药性。种种实践表明，将生物防治技术运用到农作物的育种繁衍阶段，可以有效节约成本和改善环境，也表明了基因工程对于虫害问题的有效价值。目前，大豆、水稻等农作物已经在广泛应用此技术。

2. 生物防治技术推广应用的对策

要使生物防治技术得到良好推广，除了要加强农民对生物防治重要性的认知之外，有关部门还要加强对此技术的研究，以期广大农民都能使用生物防治技术。为此，通过农民常用的信息获取方式，如广播、电视农业频道来进行生物防治的宣传，并且还要科学系统地对农民进行培训，不仅要让其懂得生物防治的方法，还要懂得生物防治的意义及社会经济效益等，增加农民的防治意识。

我国有关部门还需要配置有关生物防治的高端设备，加快对虫害问题的研究力度，使虫害问题得到最大化的解决。同时，还要加速农业生产方式的转变，提升农作物的市场竞争力，使农作物在国际市场上占据一席之地。农民收入增加，也会加速推进我国农业转型与升级。

另外，要加大人才培养力度，通过引入资金、平台、各项政策等项目来进行生物防治。加大创新力度及各个企业的主动性，立足于政府的政策导向作用，通过申请专利资金补助生物防治技术的研发、对农民进行补贴以引导其广泛运用此技术、减少对研发此技术企业的税收等来吸引企业创新。政府、企业、农民各个主体都为生物防治技术“添砖加瓦”，使其得到有效实施。

综上所述，虫害问题的防治工作实质上是一项系统、科学、复杂的综合性项目，并不是一项简单的工程。其需要的是全方位的综合性考虑，时间长、任务大，需要因地制宜、实事求是。要有科学的指导、技术的创新、政府的大力支持、农民防治意识的增强，要从本质上解决虫害问题，使农作物保质保量，实现生态化可持续发展。

二、动物性食品生产的生态思考

工业文明时代动物性食品生产的工厂化和规模化、现代化和化学化及它的制度化，实现了投资效益和利润的最大化，为社会提供品种多样的肉、蛋、奶。但是，它同时带来了食品安全、粮食安全、生态安全问题，这是动物性食品工业化、化学化生产负面作用的结果。

工业文明的畜牧业的动物性食品生产，依据人与自然“主客二分”哲学，遵循分析性思维，是一种线性非循环思维。它的生产设计是：“资源开发—产品生产—排放废物”。这种线性非循环工艺以排放大量废物为特征，是不可持续的。

因此，从工业文明的牧业向生态文明的牧业转变，遵循现代生态学观点，进行生态整体性思维，按照客观生态规律，对畜牧业发展进行生态设计，探索一条生态文明的畜牧业发展的道路，其意义极为重大。

（一）超越工业文明牧业，建设生态文明的牧业

工业文明的牧业，肉、蛋、奶等肉食品的生产，像其他制成品的生产一样，运用现代科学技术进行工厂化、规模化、化学化的生产。当它对人体健康和人类可持续发展带来严峻挑战时，则必须转变，并且是进行根本的转变，首先是它的价值观的转变。

1. 工业文明牧业是单标尺的，以利润目标为主

工业文明牧业的价值观是单标尺的。也就是说，它只有一个目标，即投资价值增值，追求生产利润最大化。它的生产工艺的设计和运行，采取工业化生产方式；它的厂房要有一定规模；它的物种采用生物工程（转基因）技术生产；它的配合饲料中，化学添加剂普遍和广泛地被应用等，都是为了缩短生产周期、增加产品产量，只有利润最大化一个目标；它没有环境目标，没有社会目标。

三十年来，随着工业化的快速发展，我国畜牧业发生了天翻地覆的变化，从自然经济的生产方式迅速发展为工业化的生产方式，如大型动物养殖企业，生产社会的主要肉制品的供应。由于政府的环境保护要求，公众对绿色食品的企盼，厂家打着“生态牧业”或“绿色牧业”的旗号，虽然增加了一些保护环境的措施，但在实质上仍然是工业文明的牧业，例如，养猪业中粘菌素和瘦肉精等化学物质的使用便是这样的。

2. 生态文明牧业是双标尺的，以人与自然和谐为目标

所谓双标尺，是指肉、蛋、奶等肉制品生产，它的目标不是一个，即只有厂家的资本增值，利润最大化。它的目标是两个，除了厂家的利

润增加，还有环境目标和社会目标。环境目标是环境保护的要求，不能以损害环境为代价追求利润；社会目标是符合社会发展的要求，一是产品有利于现代人的健康，二是有利于子孙后代的生存，不能以损害现代人和子孙后代的利益为代价。

现在，肉制品生产的所有问题都源于它的单标尺的价值观，问题解决的先决条件是这种价值观的转变。但是，从单标尺的价值观转变为双标尺的价值观，这是一次根本性质的转变，可能需要经历非常复杂和长期的过程。

3. 制定具有法律约束力的肉制品生产标准

肉制品生产标准，是肉制品营养和健康的质量要求。它是依据价值观制定的。如果依据上述“双标尺”的价值观，可能会很灵活或模糊，难以检测。因此，需要制定产品的具体标准。

现在，以工厂化规模化的肉制品生产为主体，是肉、蛋、奶等肉制品主要供给方，这种现实在短期内难以改变。在这种情况下，为肉制品生产制定和实行具有法律约束力的生产标准，是非常迫切的。

（二）依据生态学观点进行畜牧业发展的生态设计

畜牧业生产的生态设计，是按照生态学整体性观点思考牧业的，遵循生态规律进行动物性食品的生产。

畜牧业生产的生态设计，遵循中国古代思想家老子“道法自然”的哲学，畜牧业发展要遵循自然之道，即“人法地，地法天，天法道，道法自然”。当前我们的问题，无论是大型畜产品养殖场带来的问题，还是制度性草场退化的问题，均是违背自然或“反自然”的结果。其实，广大牧民继承祖先千百年积累的畜牧经验和智慧，他们对草地、牲畜最有知识，最理解草原和牲畜，我们要尊重自然，尊重广大牧民，在总结和继承历代遗产的基础上，运用现代科学技术发展生态文明的牧业。

畜牧业生产的生态设计，遵循现代生态学家揭示的生态规律，发展新时代的牧业生产。美国著名生态学家巴里·康芒纳认为，生态学有四条生态原则或生态规律：第一，每种事物都与别的事物相关。这是生态关联的原则。任何一个生态系统，包括许多相互关联的事物，它们相互联系、相互作用、相互依赖，事事相关。第二，一切事物都必然要有去向。这是物质不灭定律。它所强调的是，在自然界中是无所谓“废物”这种东西的，生态系统中一种有机体排出的作为废物的东西，会被另一种有机体当作食物而吸收。第三，自然界所懂得的是最好的。这是“生态智慧”原则。在生态演化中，“那些不能与整体共存的可能安排，便会在进化的长期过程中被排除出去。这样，一个现存的生物结构，或是已知的自然生态系统的结构，按照常识，就是‘最好的’”。不是天然产生的，如人工合成的有机化合物，在生态系统中的作用，就可能是非常有害的。第四，没有免费的午餐。这是“生态代价”原则。“这条法则主要警告人们，每一次获得都要付出某些代价。因为地球生态系统是一个相互联系的整体，在这个整体内，是没有东西可以取得或失掉的，它是受一切改进的措施的支配，任何一种由于人类的力量而从中抽取的东西，都一定要放回原处。要为此付出代价是不可避免的，不过可能被拖欠下来。现今的环境危机是在警告‘我们拖欠的时间太长了’。”生态学关于生态系统整体性的看法，是关于生态学主要规律的看法，按康芒纳的说法，这是“关于一个地球上的生命之网的看法”。①

依据生态哲学的整体性观点，遵循生态规律，进行畜牧业发展的生态设计，这是生态文明的肉制品生产发展的必由之路。

（三）生态文明的畜牧业发展道路的探索

工业文明的肉制品生产已经达到了它的最高成就。与这些成就同时伴行的问题，如食品安全、草原危机、环境污染等问题全面凸现出来，损害人类可持续发展，成为威胁人类生存的全球性问题。这表示一次深刻变革的到来，我们迎来了生态文明新时代。新时代需要有畜牧业发展的新道路。它的具体路径现在我们还不知道，但是它的方向是，遵循生

① 代超，夏承伯．巴里·康芒纳生态环境思想文献综述[J]．文理导航（上旬），2017(02):82.

态规律，通过生态设计走一条生态化发展道路。这是毫无疑问的。下面讨论它的两个可能的方向。

1. 肉制品生产从工业化转向生态化

（1）未来的牧业着重利用天然生物资源：利用天然的生物饲料和我国优良物种发展我国生态动物养殖业，这是未来畜牧业发展的一个方向。以可持续的方式开发、利用和保护草场和生物物种资源，这是未来畜牧业发展的自然基础。

（2）未来牧业以大家共同富裕为目标：未来的畜牧业不是一家一户的事业，而是集体行为，是大家的事业，即使是家庭参与，如我们设想的各家饲养的牛卖给企业，或者“联户放牧”，许多牧民一起，大家都是同一产业的参与者和受益者，牧业的发展以共同富裕为根本目标。

2. 肉制品生产从分化转向综合发展

农业文明时代，以自然经济的生产方式，一些富裕的家庭既生产肉和蛋，又生产禽和奶，牛、羊、猪、犬、鸡，样样都有。它是小规模的副业，自给自足。这是初级的畜产品综合性生产。工业文明时代，现代科学技术应用于畜牧业，采用工厂化、规模化和市场化的生产方式。许多现代化的大型养殖场，大多只养殖一种动物，生产一种产品，是精密分工和高度分化的。在这里，规模和分工是一种生产力，因而它是高效率和高利润的。但是这种高度的分化，其生产工艺是分散的而不是综合的，是线性的而不是循环的，在出产一种产品时，把与这一产品无关的材料统统作为废物排放到环境中，不仅是极大的浪费，而且会造成环境污染，是不可持续的，转变是必然的。

（1）未来的牧业是生态化的，因而是高效的：“生态化”指产业遵循自然，即“法自然”，按照生态规律设计生态结构和运行。西安天菊实业有限公司的生态循环产业链就是这样的。生产者有机体，天菊公司百亩玉米种植园和百亩优质葡萄种植园。它使用公司有机肥料厂生产的有机肥；产品玉米和葡萄为公司 饲料厂和红酒酿造厂提供原料。消费者有机体，万只种鸡场、千头养猪场、千只北极蓝狐养殖场。鸡、猪和狐狸是公司的主要饲养动物，它们消费饲料厂提供的饲料。转化者有机体，500 立方米的沼气池，以及种植场和养殖场的全部废弃物，包括养殖场的粪便统统进入沼气池，通过微生物转化为沼气，提供公司的全部能源使用。沼气渣作为种植场的肥料使用，完成一个循环周期。

这个生态循环产业链是仿照生物圈设计的，是生产者、消费者和转化者结构完备的“小生物圈”。它的运行是无废料生产过程，实现全部资源合理利用，是无废料的生产，因而是高效的。它解决了数十年来争论不休的问题，关于经济发展与环境保护的关系，一种普遍的看法认为，环境保护是要花大钱的，影响经济发展，先污染后治理，这是必然的。实际上，过去认为应被排放的废物是有价值的资源，如果不是以净化废物的方法保护环境，而是用再利用的方式实现资源的合理利用，这样的方法是有利的。

（2）未来的牧业是综合的生产，因而是高产的：现代工业化的动物养殖场，大多只饲养一种动物，生产一种产品。天菊公司不同，它是大综合的生产，有第一产业农业和牧业的多种生产，玉米和葡萄种植，鸡、猪和狐狸等动物养殖，多种生物产品输出；第二产业工业的多种生产，有机肥料厂、葡萄酒厂、保健品胚优生产厂；第三产业科学研究和旅游等。它是一、二、三全部产业的统一。畜牧业像其他产业一样，它的综合性发展有利于合理、充分地利用不同资源，因而是高产的，又是可持续发展的。

（3）未来的牧业是高科技的，因而是高智的：生态循环产业链是学习生物圈的智慧，仿照生物圈的能量流动和物质循环转化过程设置的，这是一个高效无废料生产过程。这种生产的设计、运行和管理是高智慧的。牧业产品的深加工，依靠生命科学多学科领域的专家，应用现代科学技术成果，这是高智慧的成就。

第三节　农产品加工、贮藏与销售的生态思考

一、绿色加工技术在农产品深加工中的应用

（一）农产品深加工的基本原则

农产品深加工是指以绿色农产品为原料，通过一定的加工技术进行食品加工。农产品加工作为食品生产过程中的一个重要环节，需要遵循以下几项基本原则。

1. 农产品深加工需要综合利用原料，节约资源

随着生产力的大大提升，出现了食物资源浪费现象。在农产品深加工中，应按照相应的加工规范进行操作，发挥原料的最大价值。除此之外，还需要遵循资源的可持续利用原则，实现物质循环利用。

2. 农产品深加工以保存食品的营养价值为原则

一般来说，不管任何形式的加工，都会存在一定含量的食品营养成分流失，不同的深加工方式所造成的影响也是不同的。因此，在农产品深加工中，需要尽可能保存食品的营养价值，采用适当、科学、先进的加工工艺，防止其中的营养成分氧化、降解。

3. 农产品深加工需要进行全程质量控制

在农产品进行深加工的过程中，每一个加工环节都有可能产生食品污染，因此，在深加工中，全程应当保持清洁生产、安全生产。农产品加工之后是用来食用的，一旦在加工环节出现污染等问题，则可能在后续的销售中出现食品安全问题，后果不堪设想。

4. 农产品深加工需要以不污染环境为原则

在农产品深加工过程中，除了要保证产品自身的清洁，还需要确保其在加工过程中不会对环境造成污染。污染一般来源于加工后产生的废水、废气等，因此，需要对加工中产生的有害物质进行无害化处理，保证其排放符合标准。

总而言之，在农产品深加工过程中，应当在这几类基本原则基础上做到绿色加工。

（二）绿色加工技术在农产品深加工中的应用

1. 真空浓缩技术的应用

真空浓缩技术又称减压浓缩技术，不仅在工业领域大有用处，而且广泛应用于食品加工中。其加工技术的基本原理是先将液体装入真空罐中，并且采用减压设备如真空泵，对真空罐进行加热，由于罐内压强减小，其液体的沸点降低，从而达到水分蒸发而浓缩的效果。

真空浓缩技术的优势主要在于能在相对较低的温度下进行浓缩，一方面能够减少热源的使用，节约资源，另一方面能够保证加工食品的风味及营养价值。由于这些优势，使这项加工技术得到了广泛使用，常见于果酱、甘油等加工中。

2. 食品冷杀菌技术的应用

高温杀菌是传统食品加工中常用的杀菌技术，但该技术会使酶特性发生改变，破坏食品中的维 C 及原有风味。而食品的冷杀菌技术，在果汁等杀菌中有着更大优势，能快速有效杀灭食品中的细菌，并且保留食品的原有风味，延长食品的保质期。

食品冷杀菌技术的主要原理是利用聚能式超声波所产生的反应，破坏农产品等植物的细胞壁，从而抑制液体食品中酶生物的生长和繁殖。这种杀菌技术广泛应用于液体物料中，被多个国家采用。

3. 膜分离技术的应用

膜分离技术采用天然或者高分子薄膜的方式，通过动力差的原理，对多组分混合物进行分离与提纯。该技术主要是在溶液中存在不同溶质分子的基础上对组分进行分离，膜分离技术同时也是一种分子分离技术。

当下，随着电渗析等膜分离技术的发展，农产品深加工有了更加有效的加工方式，能够利用压力推动，在不破坏食品营养成分及风味的基础上，实现农产品的提纯、除浊等处理。从膜分离技术的应用范围来看，其可以应用于水果、蔬菜、酱油等加工中，在果汁提纯的过程中，能有效减少废弃物的产生。

4. 超高压处理技术的应用

超高压处理技术也是杀菌处理技术的一种，主要利用压力的作用，高压处理蛋白等活性物质，从而使其发生可逆转的变形及变性。其主要操作方法是将食品装入器皿中，并且予以高压，从而杀死其中的微生物，使得酶失去活性。

这项技术广泛应用于果蔬的存储等方面，一方面可以延长果蔬的保鲜期，另一方面还能保证果蔬口感上的新鲜感，防止其组织破坏。随着高压处理技术设备成本的进一步降低，这项技术会被广泛应用。

5. 挤压膨化技术的应用

在诸多食品加工中，都会应用到挤压膨化技术，比如，谷物早餐、饼干及方便食品等。挤压膨化技术主要是通过机械的剪切，使原料在这个过程中生产出新型食品。这项技术在我国食品加工中较为成熟，更加重要的是其适用性较强、生产效率高、成本较低，加上其可以在原料的基础上研发新型食品，并且不会对环境产生污染，在农产品深加工中广受欢迎。

二、生态学视角下的农产品贮藏探讨

自21世纪以来，科技越来越发达，对于农产品产地贮藏、保鲜及烘干等加工环节，国家给予了补贴，这在很大程度上增加了农民的收入，稳固了市场供应。然而大数据显示，每年农产品产后损失超过3 000亿元，这是相当于10 000 000公顷耕地的投入及产出被浪费了[①]。在当下绿色节能环保时代，这种浪费是不可以延伸的，本着一种加大支持力度的信念，去缓解这种因为贮藏加工能力不够而造成的巨大浪费，最终达到促进农产品增值的目的。

① 郝婧.我国农产品贮藏与加工新技术及应用现状[J].农家参谋，2019（19）：15.

（一）农产品贮藏现状

无论是美国、意大利还是日本，都是将农产品的贮藏保鲜加工放在农业的首位的。这种理念的目的是保障农产品高附加值的实现和资源的合理利用，这种超强循环利用的方法能节约能源，用最少的东西做最有效的事情。美国把70%的资金投入产后环节。意大利、荷兰为60%，日本为70%左右。在食品工业转化率中，各发达国家粮食在80%以上，果菜在50%以上，农产品产值的70%以上是通过产后的贮运、保鲜、加工等环节来实现的[①]。

而我国，虽说是农业大国，但是因为种种原因，我国粮食贮存年平均损失率达9%，每年损失粮食220亿千克，果菜损失率超过25%。因为运输保鲜业的落后及缺漏造成种种产供销矛盾，但是改革开放以后，农民正从传统的自然人工贮藏，转变至科学贮藏，正因当下科学的不断发展，让很多落后的行业逐步逼近发达国家。我国的农产品贮藏的能力也在提升，这将会不断丰富我国的城市农产品市场。不得不说，农产品贮藏加工产业更加重要了。

目前，果品贮藏保鲜技术得到了很大程度的提高，果品采后处理技术、贮藏病害防治研究、运输和包装技术、薄膜自然气调保鲜技术、保鲜剂、制冷与人工气调技术等在果品贮运中已有广泛应用。随着水果产量的迅速增加和农村经济的发展，已逐步形成了南北、东西大流通和季产年销的市场格局。大宗果品采后多在田间堆放，或进行简单分级包装或混装，常温下运输。主要果品采后直接进入市场，这种形式的产生无形中加重了市场销售的压力，西菜东调规模不断扩大，外销菜中大路菜比重逐年下降，精细菜比重逐年增加，空运菜每年也达数千吨。

① 许为鲸．农产品贮藏加工现状和发展趋势[J].食品安全导刊，2018（03）：44-45.

（二）生态学视角下的农产品贮藏技术与应用

1. 真空保鲜技术

在该技术应用中，能够使农产品处于稀薄的气体环境当中，对其保质期进行有效延长。目前，该技术在农产品贮藏保鲜及真空包装中具有较多应用。对于农产品来说，使用真空包装也是一种较为简便的方式，在抽走包装袋当中的空气、进行密封处理后，即能够使外界空气同袋内农产品隔绝，避免农产品因为氧化而变质，能够对农产品的质量及色泽香味等进行良好的保持。同时，对于失去活性的物料来说也具有较好的表现作用，而对于鲜肉及果蔬等，则可以对真空气体置换方式进行应用，通过包装材料及充入气体保鲜功能的应用达到贮藏目标。

2. 真空冷却技术

在农产品包装前，预冷是一个重要环节。在真空冷却技术中，即能够将农产品物料放置在真空环境当中，通过游离水蒸发的作用带走物料内部热量。同传统冷却方式相比，该技术在应用中能够有效缩短对物料的预冷时间，并且能够通过对绝对压力的控制对物料预冷的最终温度进行控制，具有均匀的内部温度特征。目前，该技术主要应用在肉类、水产品及果蔬等食品的预冷中。

3. 气调贮藏技术

该技术在实际应用中，即在冷藏基础上，在密封空间中放置果蔬等产品，同时能够对贮藏环境的气体成分进行控制。在实际贮存中，能够降低氧气含量、提升二氧化碳浓度、降低温度，对果蔬自我消耗及呼吸强度进行降低，在对激素乙烯生成量减少的情况下做好病虫害控制，对果蔬的衰老进行延缓，以此达到长时间保鲜的目的。其中，机械气调冷藏库是主要类型，其由气体净化系统、制冷系统、压力平衡装置及气体循环系统等组成。在气调贮藏中，气体净化及气体发生系统是其中的关键设备类型，对于气调库维护结构，不仅需要具有隔热、防潮及保温等性能，并且需要具有一定的耐压能力及气密性。同普通冷藏库相比，能够进一步延长对于果蔬的贮藏期，能够对果蔬原有的风味及品质进行较好保持，对果蔬病虫害的发生起到抑制作用，降低贮藏失水量，获得更高的商品率。

三、运用大数据技术对农产品销售进行绿色转型

农产品不仅具有鲜活性和多样性，而且其生产还具有很强的季节性、区域性和分散性，因而农产品对销售渠道具有很高要求，传统的农产品销售渠道并不能满足现有农产品的销售，导致农产品滞销现象频繁发生。从生态学视角出发，结合当前大数据时代的特征，积极认识到网络营销、电子商务的快速发展，进行农产品销售方式的绿色转型，运用网络营销渠道进行农产品的销售，不仅能够减少农产品的销售环节，缩短农产品销售链，同时也能够实时把握市场信息，实现农产品销售的精准化和个性化，从而实现生态高效兴农战略的稳步实施。

（一）农产品营销的特征

1. 打破农产品特点的限制

农产品具有鲜活性、区域性、分散性等特点，运用大数据技术构建的农产品电商平台，能够收集不同区域的农产品信息，并向全国各地的消费者进行售卖，解决了由于农产品特点而产生的销售难的问题。

2. 降低农产品的营销成本

大数据时代农产品的销售可以直接从生产者到终端供应商或消费者，减少了中间的流通环节，直接降低了农产品的营销成本。

3. 实现农产品营销的精准化

农产品电商平台、企业能够收集大量的消费者对农产品的浏览、购买数据，深入挖掘不同消费者对农产品的需求并进行个性化的精准营销，减少资源浪费，并对资源进行高效利用，有利于农产品销售生态环境建设。

4. 全面监控农产品的市场动态

大数据时代农产品的生产者和供应商都能够全面了解市场信息，并制定科学的营销策略，避免由于市场信息不对称造成的营销损失。

（二）大数据技术在农产品营销绿色转型中的策略

1. 提升农产品品质，加强监管、树立口碑

农产品存在质量不一、消费者口碑下降等问题，主要原因在于部分农户没有严格按照农产品生产标准进行生产，农民合作社和农产品销售企业难以监管农产品的质量，消费者无法辨别农产品的品质，最终导致消费者口碑下降。因此，可以运用大数据技术构建农产品安全溯源系统，实现农产品生产到销售的全程监督，保证农产品的安全与品质，满足消费者对于农产品“绿色”“生态”和品质的要求，提升生态农产品的口碑。

运用大数据技术保证农产品的品质，是农产品营销产品策略的基本要求。此外，想要长期持续提升农产品的口碑和市场份额，还需要加强农产品的包装形象设计，提升农产品的品牌形象，并运用大数据分析，了解消费者农产品的购买行为，制定合理的产品组合策略。

2. 完善基础设施，提升农户的市场意识

农村的基础设施建设相对落后，尤其是部分贫困地区，就连基础的网络平台、物流体系都不够完善。农民不仅市场信息滞后，而且农产品的销售同样相当困难，农产品“增产不增收”现象时有发生。因此，政府通过资金补贴的方式，加强网络平台、物流体系等基础设施的建设，是农产品销售企业运用大数据技术，完成农产品营销的基础。

除此之外，农民合作社或农产品销售企业应定期组织网络营销技能培训，加强农户或农产品销售人员的市场意识，指导农户或农产品销售人员整合农产品市场相关信息，制定有效的农产品网络营销策略。

3. 培养专业营销人才，制定个性化、精准化的营销方案

缺乏专业的大数据营销人才是目前农产品销售的最大问题，一方面缺少专业的大数据营销人才，农产品销售企业无法充分发挥大数据营销的优势；另一方面，随着我国消费的升级和人们生态意识的不断增强，消费者对于农产品个性化需求快速增加。同时，在大数据时代，消费者拥有更多的信息渠道，对于农产品的消费拥有更加丰富的选择。

当前，农产品营销的首要任务是引进和培养专业的大数据营销人才，制定个性化的营销方案，针对不同的消费个人或企业，要推出私人定制服务，培养可持续消费的高质量客户，还需要通过大数据分析，对农产品消费者进行细分，挖掘各类农产品消费群体的购买行为，制定精准化的营销方案，降低农产品销售周期和销售成本。

4. 发挥大数据营销优势，开发多元化网络营销模式

农产品网络营销渠道主要为电子商务平台，网络营销渠道单一，没有充分发挥网络大数据营销的优势。实际上，除了电子商务平台推广之外，搜索引擎广告、信息流广告等都是农产品的大数据网络营销模式。

近些年，随着大数据技术、VR 技术的进一步发展，农产品的网络营销模式多元化探索初具成效，开发出了网络直播营销、网络体验营销、网络口碑营销等农产品网络营销新模式，但在“生态兴农战略”实施的进程中，基于大数据的网络营销模式探索还要继续。总之，积极实施大数据技术下农产品销售的绿色转型，进行资源的合理配置，提高资源的利用效率，是生态学视角下推进乡村振兴战略的重要环节。

第七章　生态学视角下的乡村旅游资源开发

第一节　生态旅游资源

一、生态旅游资源的概念

（一）旅游资源的概念

旅游作为一种特殊的社会、文化、经济现象，与环境关系密切，良好的旅游资源、生态环境、社会环境是旅游业得以发展的重要前提。关于旅游资源，不同的专家学者都有自己的不同理解。第一种观点认为，凡能激发旅游者的旅游动机，为旅游业所利用，并由此产生经济效益与社会效益的因素和条件即称为旅游资源。第二种观点认为，凡能满足旅游需求、吸引游客，能为旅游业开发利用的一切自然和人文要素的总和，统称为旅游资源。旅游资源可以分为旅游对象资源、旅游设施资源、旅游购物资源和旅游业人力资源四大类。第三种观点认为，旅游资源是在自然界和人类社会中能够激发旅游者旅游动机并进行旅游活动，为旅游业所利用并能产生经济、社会和生态效益的客体。具有旅游活动客体属性、吸引功能和效益功能是旅游资源的三个基本特点。

从上述不同的理解中可以概括出旅游资源的共同点，即旅游资源具有吸引功能和效益功能，能在现在或将来为旅游业所利用的一切因素和条件的总和。

（二）生态旅游资源的概念

生态旅游资源是旅游资源的一种，具有吸引功能和效益功能，能在现在或将来为生态旅游开发所利用的一切因素和条件的总和。生态旅游资源的吸引功能与效益功能与一般的旅游资源不同。生态旅游资源通过生态美来吸引游客。从这个意义上说，生态旅游资源就是指以生态美（自然生态、人文生态）吸引游客前来进行生态旅游活动，为旅游业所利用，并在保护资源的前提下，实现环境的优化组合、物质能量的良性循环、经济和社会协调发展，能够产生可持续的生态旅游综合效益，形成具有较高观光、欣赏价值的生态旅游活动对象。为了实现生态旅游资源的生态、经济和社会三大效益的统一，生态旅游资源的开发和利用体现在对生态学原理的应用上。从生态学的角度来看，生态旅游资源是按照生态学的目标和要求，实现环境的优化组合、物质能量的良性循环及经济和社会的协调发展，并有较高观光、欣赏价值的生态旅游区。

生态旅游资源与一般所讲的自然旅游资源既有重合之处，又有不同之处。重合之处是指自然旅游资源均可用于生态旅游，属于生态旅游资源的一部分；不同之处是指自然旅游资源不能涵盖的生态环境部分，这部分是生态旅游资源中的无形资产，对人类康体、疗养、治病具有特殊价值，如植物所释放的各种杀菌物质和负氧离子等。生态旅游资源应该包括那些保护完好的原生生态环境和人工生态环境。

同时，生态旅游不同于传统的大众旅游，作为生态旅游对象的生态旅游资源必然也同传统的大众旅游资源有所区别。从吸引功能上比较，传统的大众旅游资源能消除身心疲劳，吸引对象为大众旅游者；生态旅游资源让人回归大自然、增长知识、接受教育，吸引对象为具环境知识和环境意识的生态旅游者。从效益功能上比较，传统的大众旅游资源可以实现经济、社会、环境三大效益横向上的协调发展，而生态旅游资源可以同时实现经济、社会、生态环境三大效益横向上的协调发展与三大效益时间纵向上的可持续发展。从客体属性上比较，传统的大众旅游资源是一切既对游客有吸引力又能开发利用产生效益的客体；生态旅游资源是一切既具有生态美，又能经开发、利用产生效益的自然生态系统及“天人合一”的人文生态系统。

目前，对生态旅游资源概念的研究归纳起来主要可以分为三个类型：自然型、自然人文型和模糊型。

自然型指生态旅游资源主要是以自然生态系统为主要内容，其开发利用的主要目的是为了加强自然环境的保护，促进社区经济可持续发展。生态旅游目的主要包括自然保护区、森林公园、风景名胜区、自然动植物园、复合生态区及人工模拟生态区等。部分学者将生态旅游资源定义为在自然场合或类似自然的场所中，可供生态旅游者感知、享受、体验自然生态功能与价值的资源。

自然人文型生态旅游资源是指以生态美（自然生态、人文生态）吸引游客前来进行生态旅游活动，为旅游业所利用，在保护的前提下，能够实现环境的优化组合、物质能量的良性循环、经济和社会协调发展，能够产生可持续的生态旅游综合效益，具有较高观光、欣赏价值的生态旅游活动对象物。

模糊型生态旅游资源是指以生态美吸引游客前来进行生态旅游活动，为旅游业所利用，在保护的前提下，能够产生可持续的生态旅游综合效益的客体。其内涵包括吸引功能、效益功能、客体属性、保护需要四点。部分学者认为生态旅游资源是吸引生态旅游者“回归大自然”的客体，又是生态旅游活动得以实施和生态旅游得以形成和发展的物质基础。

二、生态旅游资源的分类

对于生态旅游资源的分类，许多学者从不同角度进行了研究，提出了不同的分类体系。第一，按资源的性质和成因可以分为：自然生态旅游资源和人文生态旅游资源；第二，按利用方式和效果可以分为：游览鉴赏型、知识型、体验型、康乐型四类生态旅游资源；第三，按开发利用的变化特征并结合资源的性质、成因可以分为原生性生态旅游资源和萌生性生态旅游资源；第四，依旅游动机不同可以分为：心理方面的、精神方面的、健身方面的、经济方面的和政治方面的等五类生态旅游资源；第五，依照资源的结构可以分为：旅游景观、旅游经营两类生态旅游资源；第六，按资源动态可以分为：稳定与可变两大类生态旅游资源。

按旅游资源的性质和成因分类，是目前应用最广的分类方法，即按照生态旅游资源的属性，把生态旅游资源分为自然生态旅游资源系统和人文生态旅游资源系统两大类型，每一大类又分别由若干构成要素组成。

（一）生态旅游景观资源

景观的美学界定：景观被认为是人类生活环境中空间的总体和视觉所触及的一切整体，包括自然景色和人工创造的景色。韦伯斯特英语大词典定义为：能用一个画面来展示，能在某一视点上可以全览的景象尤其是自然景象。风景是供观赏的自然风光、景物，强调自然景物在气候和阳光变化下对人形成的视觉反映。艺术家把景观作为表现与再现的对象，等同于风景；建筑师则把景观作为建筑物的配景或背景；而更常见的是景观被城市美化运动者和开发商等同于城市的街景立面、霓虹灯、房地产中的园林绿化和小品、喷泉叠水。目前，尽管不同的学科专业对景观有不同的理解，但是都植根于景观的视觉审美。

景观的景观生态学界定：景观是空间上镶嵌出现和紧密联系的生态系统的组合，在更大尺度的区域中，景观是互补重复且对比性强的基本结构单元，它的主要特征是可辨识性、空间重复性和异质性。旅游景观资源是由自然因素和人类活动所形成的，能对旅游者产生审美吸引力，可以为旅游业开发利用，还可以产生经济效益、社会效益和环境效益的各种景物（实体），是旅游资源的主要类型。旅游资源与旅游景观的概念经常相互替代，除旅游资源研究含有其他类型外，通常对两者不做限定。生态旅游景观资源是由以自然景观为主，人文景观为辅，突出生物景观和谐的生态美，能对旅游者产生审美吸引力，可以为旅游业开发利用，并可以产生经济效益、社会效益和环境效益的各种空间景物综合体（实体）。

（二）生态旅游环境资源

生态旅游环境资源作为旅游吸引因素，能对旅游者产生感知吸引力，可以为旅游业开发利用，并可以产生经济效益、社会效益和环境效益的自然环境和人文环境，是除了生态旅游景观之外的另一种旅游资源类型。环境既可以实体形式存在，也可以非实体形式存在。景观则只是由实体部分构成，生态旅游景观和生态旅游环境二者相互依存。

与传统的大众旅游不同，生态旅游则更加注重突出生态环境质量，以及旅游与生态环境的和谐，是一种旨在保护生态环境的基础上的视觉、文化、自然和精神享受。生态旅游环境质量的重要性非常突出，如大城市周边的市场驱动的客源型生态旅游区、非景观型旅游地、休闲度假旅游地，以及在环境质量优越且敏感的欠发达地区，生态旅游环境不再只作为景观的背景，生态旅游环境资源的品质不得不被考虑到核心地位，甚至可以不考虑旅游景观。生态环境是生态旅游的绝对吸引因素，因此，毫无疑问应该将其纳入旅游资源范畴，这也是很多学者的共识。生态旅游环境资源以自然环境为主，突出生态系统及各环境要素的原生型和脆弱性、稀缺性、多样性、健康性。

生态旅游环境资源以自然环境为主，突出生态系统及各环境要素的原生型和脆弱性、稀缺性、多样性、健康性。生态旅游景观资源以自然景观为主，突出生物景观及其景观组合和谐的生态美。因此，生态旅游环境和生态旅游景观同时作为旅游吸引因素，对旅游者产生感知吸引力，并为旅游业开发利用，产生经济效益、社会效益和环境效益，符合旅游资源的定义，因而生态旅游环境也是旅游资源。

1. 生态旅游自然环境

生态旅游自然环境又可以分为地域非生物类环境、生态系统物种环境、生态旅游气候环境、地域区位要素环境四个类型。地域非生物类环境，以非生物要素为主，包括大气环境、土壤环境、水环境等。生态系统物种环境，以生物要素为主，包括生物物种的多样性、稀缺性、科学性、系统脆弱性，珍稀动植物栖息环境和生态系统保健服务功能（包括有益植物精气、空气负离子指标）。地域非生物类环境、生态系统物种环境，共同构成了地域生态环境质量资产。生态旅游气候环境包括疗养保健、避暑度假、小气候等气候环境资源，以及舒适期、季候节律变化等特征。地域区位要素环境包括地域区位、客源地距离、交通可及性、地域关系等客观要素环境。

2. 生态旅游人文环境

生态旅游人文环境又可以分为生态旅游聚落环境、地域文化要素环境、社会经济综合环境、地域设施物质环境四个亚类。生态旅游聚落环境可以分为区域、城镇、社区、家居四个层次。地域文化要素环境主要包括民间艺术、民间习俗、历史事件等。社会经济综合环境指地域的社会经济非物质条件，如旅游政策、行业组织、产业配套、科技智力、投资环境等。地域设施物质环境为旅游基础设施、服务设施等物质条件。

第二节　我国乡村旅游资源的基本特征

乡村旅游是指以乡村地区为活动场所，利用乡村独特的自然环境、田园风光、生产经营形态、民俗风情、农耕文化、乡村聚落等资源，为城市居民提供观光、休闲、度假、体验、健身、娱乐和购物的一种新型旅游经营活动。早在 19 世纪 30 年代欧洲就开始了乡村旅游，现已形成规模，并走上了规范发展的轨道。在我国，乡村旅游发展较晚，自改革开放以后，随着社会经济发展和人民生活水平不断提高，回归自然、贴近自然、融合自然的乡村旅游作为一种新的旅游方式便应运而生。越来越受到游客的青睐，逐步成为游客最多、人气最旺、条件最方便的旅游目的地。“乡村旅游”成为一个品牌，这是时代的产物，也是历史发展的必然趋势。

乡村旅游是一种独特的旅游资源，具有自然与人文并蓄的特色。这是自然和悠久的历史、发达的农业赋予我国的一笔宝贵的财富。乡村旅游资源可以说是我国旅游大千世界中的一朵奇葩，其潜在优势不容忽视。

一、乡村自然风光各具特色

由于乡村所处地理位置及自然环境的不同。我国乡村具有丰富多彩、各具特色的自然风光：山乡云缠雾绕、梯田重叠、山清水秀林美；水乡平畴沃野、水网交错，棉海稻浪菜花飘香；海乡依陆临海、海阔天高，阳光海浪沙滩迷人；内蒙古草原的牧乡地势坦荡，羊群如云；大小兴安岭的林乡莽莽林海、茫茫雪原，气魄宏大……另外，我国南北方气候差异显著，在乡村自然景观表现上亦更加丰富，如广东、四川盆地的蔗乡，山东半岛及辽东半岛的果乡，长江中、下游的竹乡，江、浙、皖、闽的茶乡，华北平原的棉乡，新疆吐鲁香的瓜果之乡等，无不以其乡村风光的独特魅力吸引着中外游人。

二、乡村风俗民情丰富多彩

我国民族众多，各地自然条件差异悬殊，乡村的生产活动、生活方式、民情风俗、宗教信仰、经济状况各不相同。就民族而言。我国有56个民族，少数民族生活的乡村都具有引人入胜的民俗风情景观。这些少数民族或能歌，或善舞，或热情奔放，或含蓄内在，或以种植为主，或以游牧为生，或过着原始的渔猎采集生活，或以独特的生活习惯世代繁衍生存。这些为旅游者深入领略中华风情、探索人类社会的进化历程提供了极其丰富的源泉。再以盛行于我国乡村传统节日为例，汉族有春节、元宵节、清明节、端午节、中秋节、重阳节，苗族有“赶秋”，彝族有火把节，傣族有泼水节等，节日多姿多彩，令人神往。传统的云南大理白族三月街，景颇族目瑙纵歌节，贵州苗族四月八，内蒙古蒙古族的“那达慕”，丽江的龙王庙会等都是深受中外游客欢迎的乡村民情风俗旅游资源。另外，盛行于我国农村的游春踏青、龙舟竞渡、摔跤、赛马、射箭、斗牛、荡秋千、阿西跳月等各种民俗活动都具有较高的旅游开发价值。

三、乡土文化艺术充满情趣

我国的乡土文化艺术古老、朴实、神奇，深受中外游人的欢迎。如盛行于我国乡村的舞龙灯、舞狮子，陕北农村的大秧歌，东北的二人转，西南的芦笙盛会等脍炙人口。我国广大乡村出产的各种民间工艺品备受游客的青睐，如我国著名的四大年画、贵州的蜡染、南通的扎染、常熟的花边，以及各种刺绣、草编、竹编、木雕、石雕、泥人、面人等，无不因其浓郁的乡土特色而深受游人欢迎。我国乡村自古以来流传有各种史诗、神话、传说、故事、笑话、佚闻，引人入胜，耐人回味。流传于云南民间的阿诗玛、壮乡的刘三姐、内蒙古草原上的江格尔、苏南水乡的沈七哥等，都能使游客听之动情，如醉如痴。另外，乡村烹食风味独特，四川的麻婆豆腐以辣闻名，湖南的臭豆腐以臭著称，内蒙古草原上的涮羊肉味美肉嫩，新疆的羊肉串香气扑鼻，这些乡村烹饪文化对广大外国旅游者尤其具有强烈的吸引力。

四、乡村民居建筑千姿百态

乡村民居建筑不但能激发游人的兴趣和好奇心，而且还可以为游客提供憩息的场所。不同风格的民居，给游客以不同的精神感受。由于受地形、气候、建筑材料、历史、文化、社会、经济等诸多因素的影响，我国乡村民居可谓千姿百态，风格迥异。青藏高原上的碉房、内蒙古草原上的蒙古包、喀什乡村的“阿以旺”、云南农村的“干栏”、苗乡的吊脚楼、纳西族的“井干”、黄土高原的窑洞、东北林区的板屋等都以其独特的建筑形式使游客耳目一新。另外，我国乡村还有众多古代民居与建筑，如安徽黟县西递村有清代民居 120 多幢，深宅大院栋宇鳞次，布局精巧，砖石木雕琳琅满目，堪称乡村古代民居之宝库，具有很大的旅游开发价值。我国农村还有许多古代工程、古老庄院、桥梁古道、古代河道等，如纵贯苏北江淮之间的古邗沟为吴王夫差所开，沿河阡陌纵横、风车摇转、相映成趣；四川秦汉时所辟的蜀道，穿行于川北山乡崇岭，广植松柏，称“翠云廊”，壮观而幽美；广西侗乡的风雨桥，桥上建亭，形态奇特，也是乡民贸易聚会之所，富有民族特色，为侗乡胜景。这些民居与乡村建筑等体现了当地的文化艺术特点，乡韵无穷，令人叫绝。

五、乡村传统劳作富有特色

乡村传统劳作是乡村人文景观中精彩的一笔，尤其是在边远偏僻的乡村仍保留有古老的耕作劳动方式，有些地区甚至还处于原始劳作阶段。正因为如此，它们会使当今现代文明影响下的旅游者产生新奇感。这些劳作诸如水车灌溉、驴马拉磨、老牛碾谷、木机织布、手推小车、石臼舂米、鱼鹰捕鱼、摘新茶、采菱藕、做豆腐、捉螃蟹、赶鸭群、牧牛羊等，充满了生活气息，富有诗情画意，使人陶醉流连。

第三节　生态学视角下的乡村旅游资源开发与整合策略

一、生态学视角下乡村旅游资源开发与整合的意义

第一，生态学视角下乡村旅游资源开发与整合是解决新时代我国社会主要矛盾，满足人民日益增长的美好生活需要的有效途径。

十九大指出，新时代我国社会主要矛盾是人民日益增长的美好生活需要和不平衡不充分的发展之间的矛盾。凭借乡村山水资源、田园环境、地域文化等资源，大力发展生态乡村旅游，拓展农业多种功能，不仅可以满足城乡居民对美好生活的向往，还可以将乡村绿水青山优势转

化为经济社会发展优势。

从城乡融合角度来看，城市居民希望乡村提供充足、安全的物质产品，也希望农村提供清洁的空气、洁净的水源、恬静的田园风光等生态产品和乡愁文化等精神产品。对于乡村居民而言，不仅希望城市居民“进入”乡村的增加收入，也希望自己生活在好山、好水、好风光的美丽环境中。无论是对城市居民还是农村居民来说，生态学视角下的乡村旅游资源开发与整合都是致力于调节改善这种不平衡不充分的发展状况的，是为居民提供美好生活需要的重要发展方式。这要求乡村旅游的发展要在美化乡村生活生产环境、拓展乡村特色产品链条、提升乡村生活品质空间、增强乡村居民幸福感上做好文章，助力于化解乡村发展矛盾，提升发展效率。

第二，生态学视角下乡村旅游资源开发与整合是实现乡村振兴战略总要求，加快推进农业、农村、农民现代化的助推器。

乡村振兴战略的总要求是“产业兴旺、生态宜居、乡风文明、治理有效、生活富裕”，这也是发展生态乡村旅游的目标和宗旨，如图 8-1 所示。

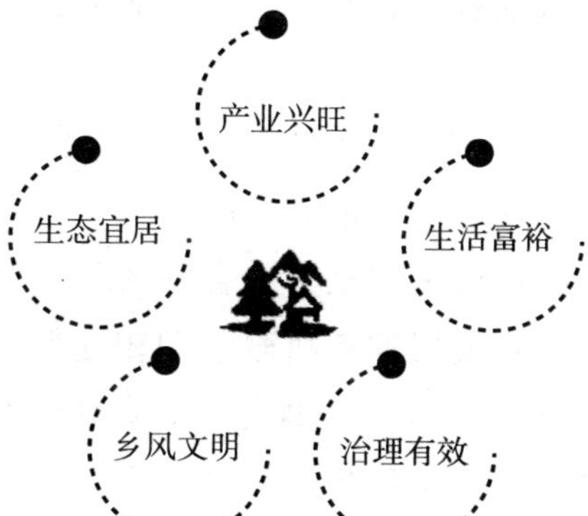

图 7-1　乡村振兴战略总要求

生态学视角下的乡村旅游能够推动农业从原始的生产功能向休闲观光、农事体验、生态保护、文化传承等多功能发展。以农耕文化为魂、以美丽田园为韵、以传统村落为形、以生态农业为基、以创新创造为径，利用“旅游 +”“生态 +”等模式，拓展农业多种功能，推进农业与旅游、教育、文化、康养等产业深度融合，发展观光农业、体验农业、创意农业等新产业新业态。新时代可以以生态乡村旅游为主要着手点，美化乡村风貌环境，帮助农民发家致富，推动传统农业优化升级，以生态乡村旅游发展所带来的生态、经济和社会效益为乡村振兴提供有力保障。

发展生态学视角下的乡村旅游就是建设人与自然和谐共生的现代化农业农村，保护好绿水青山和清新洁净的田园风光，在促进农民增收的同时带动生态乡村建设提档升级。通过文明整洁的生态环境，吸引更多游客来乡村休闲度假甚至安居。

通过发展生态化乡村旅游，有利于带动乡村农产品深加工、交通、餐饮、住宿、建筑和民俗文化等相关行业产业的发展；有利于农业产品转化为乡村旅游商品，提升农民的经营性收入；有利于居民住房转变为民宿客房，提升农民的财产性收入；有利于乡村景观转变为观光景区，提升农民的工资性收入，保障农民收入全年的可持续性。休闲农业和乡村旅游还能实现农民就地就近就业，已成为保障农民收入持续较快增长的突出亮点。

第三，生态学视角下乡村旅游资源开发与整合是实现城乡融合发展，加强城乡之间联系与合作的重要纽带。

十九大报告第一次提出了“城乡融合发展”，更加强调我国新型城镇化快速发展进程中城乡发展的有机联系和相互促进，把乡村的发展与城镇的发展作为一个有机整体，不再仅限于从乡村本身思考乡村的发展问题，体现了我国城乡关系发展思路从“城乡二元”到“城乡统筹”，再到“城乡一体”，最终到“城乡融合”的根本转变，确立了全新的城乡关系，体现了我国城乡关系发展思路的与时俱进。

发展生态学视角下的乡村旅游，可以加强城乡之间的联系与交流，有利于打破农民头脑中的传统观念，引进新的价值观念与生活方式，促进村容村貌的现代化，重新定位与合理定义农业、农村和农民的现代化发展，在乡村旅游推动城市与乡村之间资本、消费、知识、生活方式等各种要素交流的同时，加速保障城乡一体化积极融合发展。生态视角下的乡村旅游一方面使得乡村资源得以高效利用，城乡之间各种要素交融流通；另一方面也在吸引城市居民走入乡村生活、参与乡村振兴过程，促进农民身份职业转化，实现城镇化。在这个过程中，乡村居民实现与城市现代生活的交流，城市居民实现归园田居的生活状态。生态化乡村旅游在城乡一体化中的重要融合作用变得越来越显著。

二、生态学视角下乡村旅游资源开发与整合的原则

（一）坚持自然美和人工美协调发展的原则

乡村旅游资源的开发是在其原有的自然风景的基础上进行的加工改造，要使自然美和人工美有机地结合起来，协调二者的发展，不能单纯地强调某一个方面。如果在原有的自然美的基础上进行合理的人为加工改造，则会使其变得更加“山清水秀”。

（二）坚持可持续发展与绿色发展的原则

要处理好经济发展与生态保护的相互关系，充分考虑环境生态、经济发展、人文社会等多方面的相关作用效益，形成多种效益良性发展格局。既要促进乡村旅游产业的积极发展，又要节约耕地资源，实现旅游开发与农用地保护平衡发展。

（三）坚持旅游产品特色化与差异化原则

生态学视角下的乡村旅游有着田园风光、山村水乡、农事体验、民风乡情等丰富的产品类别，因而要在乡村旅游中多层次、全方位地培育各自的综合性优势，坚持“一村一品”的特色发展道路，避免在产品选择中照搬照抄，造成千村一面的现象。将山水自然资源、农业生产资源与本地的民俗文化资源分析整合，让游客看得见山水，感受得到乡情，记得住乡愁。

（四）坚持保护性开发原则

对乡村旅游资源的开发还要遵循保护性的开发原则，要维护好当地的生态资源，防止人为的破坏和污染。开发是目的，保护是前提，对于乡村旅游资源如果不善加保护，最终会丧失开发和经营赖以存在的基础。

（五）坚持科学规划原则

通过对乡村现有资源的全面调查，应把生态学视角下的乡村旅游纳入生态乡村产业发展、经济社会发展的总体规划和全域旅游规划管理的范畴，并进行分门别类的专门性指导，使乡村旅游的规划和发展科学合理，杜绝盲目投资和重复建设，减少资源浪费，提高投资效益。

三、生态学视角下乡村旅游资源开发与整合的内容

从生态学视角入手，要通过旅游开发把乡村旅游资源变为一个相对成熟的乡村旅游目的地，离不开硬件设施的支撑，以及吸引力和软服务的注入。通常来说，需要开发的内容包括基础服务设施、乡村旅游产品、乡村旅游要素体系、乡村旅游节庆活动等。

（一）基础服务设施

通常包括乡村公路、农村供水设施、农村电力设施、农村污水垃圾处理设施等农村基础设施，也包括旅游停车场、旅游厕所标识牌等乡村旅游服务设施，是乡村旅游资源开发的首要前提。一般情况下，该项内容由地方政府负责开发，但是需要特别关注各类设施的功能性、美观性等方面，要与乡村旅游需求相衔接，尽量实行农村基础设施和乡村旅游服务设施的生态一体化开发建设，避免割裂建设和重复建设。

（二）乡村旅游产品

原始状态的乡村旅游资源，需要经过有创意的设计、包装、打造，才能成为具备市场吸引的乡村旅游产品。依据基本经营形态和生产生活空间，利用相应的乡村旅游资源，我们可以开发民宿、农庄、度假村和

市民农园四类产品。在乡村旅游资源组合性较强的地区，我们还可以开发乡村旅游村域、乡村旅游景区、乡村旅游集聚区、乡村旅游度假区四类产品。在乡村旅游中，打造得当的乡村旅游产品通常都是市场青睐的核心资源，成为游客心向往之的具体对象。

（三）乡村旅游要素体系

面对成批旅游者的到来，仅有基础设施和核心产品是远远不够的，还应该考虑怎样让他们食有佳、住有房舍、行有道路、观有美景、购有特产、玩有体验。这就需要在原有乡村外形的基础上做一定的改造和建设，将旅游的“吃、住、行、游、购、娱”等要素融入乡村旅游中。

（四）乡村旅游节庆活动

结合民族节庆和乡村资源，周期性地开发采摘节、服饰节、音乐节、美食节、过大年等节庆活动，可以在乡村地区形成一种特殊的旅游吸引力。通过节庆活动的举办，可以吸引区域内外大量游人，具备强大的经济和社会效益。

四、生态学视角下乡村旅游资源的发展模式

（一）田园农业旅游模式

田园农业主要以乡村农业景观与特色生产活动为主要卖点，根据当地特色条件，发展不同主题的果香游、花海游、蔬园游、林牧游等特色旅游活动，满足城市居民归园田居、乐享郊野的高品质生活需求。田园农业旅游主要类型有园林观光游、农业科技游、务农体验游等。

（二）民俗风情旅游模式

以乡村深厚的文化底蕴与淳朴的风俗人情为基本载体，大力挖掘民间传统工艺记忆与传统非物质文化内涵，开展民俗节庆、民间歌舞、非遗手工传承、地方民俗讲堂等特色活动，增加生态乡村旅游的文化底蕴，提升生态乡村发展品位。该模式的主要类型有农耕文化游、乡土民

俗游、非遗文化游等。

（三）农家乐旅游模式

主要依托乡村居民自家餐饮、住宿条件和生活环境为来访游客提供旅游服务，以较为低廉的价格提供较为朴实的吃、住、行、游、购、娱活动。主要类型有民居型农家乐、食宿接待农家乐、农业观光农家乐、民俗文化农家乐、休闲娱乐农家乐和农事参与农家乐等。

（四）特色空间旅游模式

这类旅游模式主要是以非自然的物质生活空间为主要开发内容，主要有传统民居建筑村落和社会主义新型农村两大类别，以其居民建筑、空间格局、公共绿化环境、新型产业景观的观赏与体验为主要销售产品。其发展类型主要有古民宅游、民族村寨游和特色新村游等。

（五）民宿度假旅游模式

凭借优越的地理位置与客源市场、优美的自然生态环境、高品位的生活景观营造，打造高端度假型乡村旅游模式，为游客提供较高水平的住宿、餐饮、娱乐、健身、康体、养老等服务。主要类型有休闲度假村、休闲农庄、民宿村和乡村酒店等。

（六）科教旅游模式

随着农业产业化、科技化的进一步推广，一些较为发达的农业生产地区出现了很多农业科技展示研发与推广载体，如农业科技园、农业博物馆、农产品展示馆和高技术生态农业体验区等。目前较为成熟的项目案例有广东高明蔼雯教育农庄、沈阳市农业博览园、山东寿光生态博览园等。

五、生态学视角下乡村旅游资源开发与整合的策略

（一）以生态保护为切入点，进而保证旅游资源的可持续性

乡村旅游发展依赖于旅游资源的保护，因此旅游资源是乡村旅游可

持续发展的核心，关系到当地民生与经济，因此，生态旅游资源保护工作是未来乡村旅游发展的核心。

1. 注重自然环境的保护

乡村有着其独特的自然与人文环境，这是其吸引大量游客的根本原因，自然环境有着明显的不可复制性特征，一旦被破坏，就很难恢复，因此，必须严格保护。

2. 注重田园风光的维护

田园风光是区别城市的重要特色，其乡村性是区域旅游的核心组成。田园风光不仅仅是一种基于农村景观的特有风光，同时也是原始农村生产活动的体现，田园景观在乡村旅游中的经济价值是不可估量的，同时也是农民生产生活的核心，因此，应当全力保护农村的田园风光。

3. 注重保护乡村景观

乡村的文化特色一般通过建筑来体现，特别是一些历史悠久的乡村，其建筑是其乡村发展的活化石，这也是其旅游资源的重要组成部分，有必要进行重点保护。

（二）以当地实际为基础，对地方特色旅游资源进行优化

乡村旅游发展基于乡村特色，而对于地方特色旅游资源的整合是发展乡村特色旅游的基础，也是设计好的旅游发展项目的基础，乡村旅游的特色主要体现在以下几点。

1. 乡村性

乡村旅游的灵魂是乡村，是基于本地风土人情的旅游形式，这种乡村性也是区别其他旅游的主要特征。

2. 文化性

乡村的景观与人文特征共同构成了乡村的特有文化气息，其与城市的快节奏生活截然不同，虽然也为生计所忙碌，但是乡村有着其特殊的农耕文化气息，同时大部分乡村居民也保持着质朴的特征与闲适的生活状态。

3. 生态性

乡村的生态环境优于城市，特别是城市污染越来越严重，很多人开

始在周末“逃离”城市，选择乡村生态旅游。

4. 体验性

乡村旅游资源的优化还应当注重体验性，特别是农耕文化体验及乡土风情的体验，这也是吸引大量游客的主要原因之一。

（三）以生态文明为基础，注重生态旅游的规划与资源分配

我国乡村旅游经济蓬勃发展，不同地区都开始大力拓展乡村旅游市场，特别是一些城郊乡村和特色乡村，但是这也导致了乡村旅游的同质化，使得乡村旅游定位不准确、特色化不明显。因此，乡村旅游发展规划还应当注重合理规划与资源合理配置。

第一，注重旅游特色的体现。现有的乡村旅游主要从自然环境与民俗文化环境两个角度来体现，这也是乡村旅游的重要资源，不同乡村应该在其中甄别与其他地方的不同，建立特色化旅游。

第二，科学规划，注重资源合理配置。乡村旅游应当建立在严格的规划基础上，特别是在同一个县市区的不同乡镇之间应当采取差异化规划，逐步推进乡村旅游建设。

第三，注重乡村旅游的可持续性，在资源的开发中不可操之过急，而应当充分考虑到保护与发展的均衡，从而保证历史文脉的延续与发展，保证生态环境的改善与乡村旅游的可持续性发展。

（四）明确政府职能，注重政府的引导与规划作用

1. 注重经济与政策的双向支持

乡村旅游首先可以有效改善当地的经济情况，因此，有必要在相关政府的引导下积极发展乡村旅游，同时注重乡村旅游发展的健康与稳定性，特别是在当今第三产业蓬勃发展的环境下，政府应当从直接经营转变为管理监督，另外，应当积极引导，对乡村旅游给予足够的政策支撑。一些企业在开发经营中的财政问题由其自行解决，但是涉及一些与政府有关的问题，比如，水电、交通等问题时，则需要政府积极引导与支持。

2. 注重农民与企业利益的均衡

在乡村旅游经济发展中，经常会诱发企业与当地村民的矛盾，这严重影响了旅游开发的进程，甚至会造成旅游开发的失利，因此，政府应当积极出面协调，特别是应当站在中立的角度上，既能保证乡村旅游经济的发展，又能不断提高农民收入。

一方面，在小农思想的影响下，很多农民会相对选择自利的问题处理方式，通过阻挠企业发展的方式获得更多利益；另一方面，企业如果发展到一定程度，则会开始追求利益的最大化，便会忽视农民的利益，导致他们的利益受损。政府应当在不同阶段注重协调企业与当地农民的矛盾，保证双方利益的平衡，同时严格制约与控制旅游开发中的一些不良行为，促进乡村旅游事业的健康、平稳发展。

（五）注重机制改革，为本地农民带来实惠

乡村旅游的发展可以有效促进乡村旅游资源的增值，这种增值可以有效带动农村地区整体收入的上升，而这部分增值按照往常的规律，主要是由政府与开发商获得，农民只能得到很小一部分的补偿。我国目前在旅游资源的开发中，忽略了土地流转中村民的利益，采用征用的方式给予极少补偿。另外，村民的土地一旦被征用，生活方式则会发生极大变化，他们没有了基础的生活保障，不得不选择其他方式来维持生计，但是因其文化水平及社会素养较低，很难站稳脚跟。因此，在补偿问题上，应当充分考虑农民的利益，同时应当建立土地流转长效机制，保证农民的基本生活。同时，在旅游经济发展到一定程度时，应当适当地进行补偿，增加农民的收入。

第四节 生态学视角下乡村旅游与乡村振兴耦合发展实证研究

一、乡村旅游与乡村振兴耦合发展的作用机理

乡村旅游是乡村振兴的重要推动力，乡村振兴为乡村旅游提供了强大的支撑与保障，两者相互影响、协调共生。一方面，乡村旅游是产业融合的新型业态，作为乡村发展的产业支撑，是乡村进行产业结构调整的新的探索。乡村旅游通过整合农村资源要素，将乡村的自然资源优势转变为产业优势、经济优势，激发出乡村振兴的内生动力，更好地体现乡村振兴中的五个总要求。另一方面，乡村振兴战略的实施，为发展乡村旅游提供了物质保障、人才基础、政策支持等一系列有利条件，也为乡村旅游开展创造了良好的生态环境及社会支持，直接推动乡村旅游更好的开展。

乡村旅游致力于乡村价值重现与再造，在其发展过程中，能够促进农业现代化发展，加快农村经济转型，缩小城乡差距，实现乡村振兴。

第一，乡村振兴，产业兴旺是重点，乡村旅游促进农村生产要素重组，将农村第一、二、三产业深入融合，催生出新的经济形态；乡村旅游重新整合农村资源，培育新的产业结构与产业形式，增强产业黏性，为产业兴旺提供新的切入点。

第二，乡村振兴，生态宜居是关键，乡村旅游以乡村特有的自然生态环境为依托，通过改造农村的基础设施建设，为游客提供一种有别于城市的、具有乡村性的生态旅游，为当地居民建设一个人地和谐、绿色健康的环境，是生态宜居的重要把手。

第三，乡村振兴，乡风文明是保障，乡村旅游融合乡村文化与民风民俗，挖掘乡村文化深层底蕴，注重保护当地非物质文化遗产，传承农

耕文化中的优秀思想观念与道德规范，是乡风文明的有力支柱。

第四，乡村振兴，治理有效是基础。乡村旅游是多方参与、共同管理的过程，这种模式能够引发上层建筑中治理机制的创新，充分发挥基层组织的管理作用与组织功能，优化乡村治理体系，是治理有效的保障条件。

第五，乡村振兴，生活富裕是根本，乡村旅游带动当地居民勤劳致富，有效解决乡村因劳动力流逝而导致的农村“空心化”问题；将农村闲置土地进行经营与流转，更好地满足人民群众日益增长的美好生活需求，为生活富裕提供强大动力。

综上，乡村旅游从各个方面在乡村振兴的发展中集聚发力，为乡村振兴和发展提供了新的路径选择。

乡村凋敝正成为乡村旅游可持续发展的紧迫问题，加上乡村产业基础薄弱、公共设施建设不全、服务体系不完善、生态环境污染加剧等问题，乡村旅游发展面临着诸多难题，而乡村振兴正是解决此问题的关键推动力量。乡村振兴旨在解决乡村发展不平衡不充分的问题，其核心是构建人口、土地、产业的耦合模式，乡村振兴的五个总要求从产业结构、村容村貌、精神文明建设、管理制度、生活质量等出发，推动乡村建设转型。乡村旅游顺利进行需要依托良好的乡村生态环境与坚实的外部环境支持，乡村振兴战略坚持人与自然和谐共生，践行绿色发展理念，统筹利于乡村建设发展的资金、技术、人才、生产要素等，为乡村旅游发展提供支持。乡村振兴战略坚持农村优先发展，为农村发展补足其短板与不足，不仅为乡村旅游的发展提供了配套的服务与设施，更为乡村旅游的开展提供了切实保障。

二、研究方法与数据来源

（一）耦合度模型

耦合在物理学中是指系统间通过相互作用而互相影响的现象。为探求乡村旅游与乡村振兴耦合关系，首先要建立彼此两个系统的功效函数。设变量 X_{ij}（i=1，2；j=1，2，…，n）为 i 系统即乡村旅游与乡村振

兴系统中第 j 项指标值，α_{ij} 与 β_{ij} 分别为指标值 X_{ij} 的最大值与最小值。为了消除各个指标量纲与数量级的差异所带来的影响，将所有的正向指标与负向指标进行标准化处理。公式如下：

$$x_{ij}=\begin{cases}\left(X_{ij}-\beta_{ij}\right)/\left(\alpha_{ij}-\beta_{ij}\right), x_{ij}\text{为正向指标}\\ \left(\alpha_{ij}-X_{ij}\right)/\left(\alpha_{ij}-\beta_{ij}\right), x_{ij}\text{为负向指标}\end{cases} \tag{7–1}$$

乡村旅游与乡村振兴是两个不同但又相互影响的子系统，每个子系统的贡献量通过集成方法来实现，采用线性加权法确定两个子系统的综合评价值。计算公式为：

$$U_i=\sum_{j=1}^{n}x_{ij}\lambda_{ij}, \sum_{j=1}^{n}\lambda_{ij}=1, i=1,2 \tag{7–2}$$

式（7–2）中，U_i 表示各个子系统的综合功效函数；λ_{ij} 表示权重。权重的确定采用熵值法，其相比较于其他权重确定方法更加客观且科学，在一定程度上可以因避免主观因素带来的偏差。若信息熵越小，该指标权重就越大，对综合评价的影响也就越大，基本步骤如下：

①计算指标比重：$S_{ij}=x_{ij}/\sum_{i=1}^{n}x_{ij}$ （7–3）

②计算指标熵值：$e_j=-k\sum_{i=1}^{n}s_{ij}lns_{ij}, k=1/lnn$ （7–4）

③计算第 j 项指标的信息效用值：$h_j=1-e_j$ （7–5）

④计算指标权重：$\lambda_j=h_j/\sum_{j=1}^{p}h_j$ （7–6）

为了定量分析乡村旅游与乡村振兴子系统间耦合关联效应，参照物理学中关于耦合系数模型对两个系统进行测度：

$$C=\sqrt{\frac{U_1\times U_2}{\left[\frac{U_1+U_2}{2}\right]^2}} \tag{7–7}$$

式（7–7）中，U_1、U_2 分别为乡村旅游与乡村振兴系统的功效；C 为系统耦合度，且 $C \in [0, 1]$。C 值越大，表明两个系统间相互作用程度越大。根据相关研究，将耦合度划分为 4 个等级：0 ～ 0.30 为低水平耦合阶段；0.31 ～ 0.50 为颉颃磨合阶段；0.51 ～ 0.80 为良性耦合阶段；0.81 ～ 1 为高水平耦合阶段。

（二）耦合协调度模型

耦合度只反应各系统相互作用程度大小，无法反映各系统之间的水平。而耦合协调度是两个或多个系统或系统要素之间的良性互联，可以真实反映各系统水平的整体功效与协同效应。采用耦合协调度模型，能够客观反映乡村旅游与乡村振兴系统协调发展水平。耦合协调度值越大，代表乡村旅游与乡村振兴的协调程度越好。

$$\begin{cases} D = \sqrt{C \times T} \\ T = AU_1 + BU_2 \end{cases} \tag{7-8}$$

式（7–8）中，D 为耦合协调度，T 为“乡村旅游与乡村振兴”的综合协调指数，A 与 B 为待定系数。T 反映了乡村旅游与乡村振兴的整体发展水平；A 与 B 反映了系统在整体中的重要程度，一般 $A+B=1$。由于两个子系统同等重要，相互协调发展的程度相当，故取 $A=B=0.5$。为了直观地反映乡村旅游与乡村振兴协调发展状况，根据廖重斌的研究成果，将耦合协调度划分为以下等级（见表 7–1）。

表 7–1　耦合协调度划分标准

序号	耦合协调度	等级	序号	耦合协调度	等级
1	0 ～ 0.09	极度失调	6	0.50 ～ 0.59	勉强协调
2	0.10 ～ 0.19	严重失调	7	0.60 ～ 0.69	初级协调
3	0.20 ～ 0.29	中度失调	8	0.70 ～ 0.79	中级协调
4	0.30 ～ 0.39	轻度失调	9	0.80 ～ 0.89	良好协调
5	0.40 ～ 0.49	濒临失调	10	0.90 ～ 1.00	优质协调

（三）指标体系构建

依据乡村旅游与乡村振兴系统的内涵与要求，指标选取在遵循科学性、客观性及代表性等的基础上，借鉴前人针对乡村旅游与乡村振兴评价研究成果的基础上，采用频度分析法及专家咨询法对指标进行设置与筛选，构建乡村旅游与乡村振兴耦合评价指标体系（见表 7–2）。乡村旅游子系统主要包括旅游经济效益、旅游社会效益、旅游生态效益三个一级指标及 11 个二级指标，用于表征乡村旅游系统综合发展水平。乡村振兴子系统主要包括产业兴旺、生态宜居、乡风文明、治理有效、生活富裕五个一级指标以及 16 个二级指标，用于表征乡村振兴综合发展水平。

表 7–2　乡村旅游与乡村振兴系统评价指标体系

耦合子系统	一级指标	二级指标	权重
乡村旅游	旅游经济效益	旅游经营年收入（y_1，亿元）	0.0873
		旅游年接待人次（y_2，万人次）	0.0908
		住宿餐饮年零售总额（y_3，亿元）	0.0786
		旅游收入占 GDP 比重（y_4，%）	0.0917
	旅游社会效益	旅游景点数（y_5，个）	0.0884
		卫生机构数（y_6，亿元）	0.0821
		行政村通公路率（y_7，%）	0.1288
		城镇化率（y_8，%）	0.0744
	旅游生态效益	空气优良天数（y_9，天）	0.0971
		垃圾处理率（y_{10}，%）	0.0766
		森林覆盖率（y_{11}，%）	0.1042

续　表

耦合子系统	一级指标	二级指标	权重
乡村振兴	产业兴旺	第一产业增加值（x_1，亿元）	0.0596
		地区生产总值（x_2，亿元）	0.0598
		农产品加工产值（x_3，亿元）	0.0611
		农业机械总动力（x_4，万千瓦）	0.0690
	生态宜居	卫生厕所普及率（x_5，%）	0.0563
		村庄绿化覆盖率（x_6，%）	0.0589
		自来水普及率（x_7，%）	0.0560
	乡风文明	农家书屋数（x_8，个）	0.0684
		电视综合覆盖率（x_9，%）	0.0849
		乡镇文化站（x_{10}，个）	0.0611
	治理有效	城乡生活差距程度（x_{11}，%）	0.0712
		城乡收入差距程度（x_{12}，%）	0.0607
		公共预算支出（x_{13}，亿元）	0.0569
	生活富裕	农民人均纯收入（x_{14}，元）	0.0620
		农村居民恩格尔系数（x_{15}，%）	0.0564
		农村居民消费水平（x_{16}，%）	0.0577

（四）数据来源

选取2012年、2015年、2018年三个年份的面板数据，主要来源于各市统计年鉴、国民经济发展与社会公报及相关统计网站。其中个别缺失数据依据相邻年份统计资料数据进行线性回归分析获取。由于研究区域行政区划的变更，寿县于 2015 年底由六安市划归淮南市管辖，为了保证数据的连续性与可靠性，仍然将寿县归于六安市。

三、乡村旅游与乡村振兴耦合发展实证分析

（一）研究区概况

选取大别山区作为研究对象，包含湖北的黄冈市、孝感市，安徽的安庆市、亳州市、阜阳市和六安市，河南的信阳市、驻马店市、开封市、商丘市和周口市等 11 个地级市。该区域位于鄂豫皖三省交界处，地处中原经济区、皖江城市带和武汉城市圈交汇带，有 29 个国家扶贫开发工作重点县、27 个革命老区县。区域内，南北过渡性气候特征明显，生态环境优美，河流众多，拥有丰富的自然旅游资源。在独特的历史文化资源的孕育下，人文旅游资源丰富多样。加上区位条件优越，随着县域经济活力不断增强，区域旅游开发潜力逐渐增大。自 2011 年划为全国集中连片特困区，大别山区坚持以区域发展带动扶贫开发，以扶贫开发促进区域发展，不断加强交通扶贫、通信建设、水利维修、教育支持。充分利用旅游资源禀赋，将乡村旅游与精准扶贫结合起来，助推乡村振兴发展，效果明显。

（二）耦合度及耦合协调度分析

依据上述研究方法，利用公式（7–1）到（7–6）计算出大别山区乡村旅游与乡村振兴发展的综合功效指数，公式（7–7）（7–8）分别计算两子系统之间的耦合度及耦合协调度。

表 7–3　2012、2015 及 2018 年乡村旅游子系统综合功效指数

	黄冈	孝感	安庆	亳州	阜阳	六安	信阳	驻马店	开封	商丘	周口
2012	0.140	0.156	0.135	0.103	0.117	0.200	0.111	0.094	0.105	0.096	0.100

续　表

	黄冈	孝感	安庆	亳州	阜阳	六安	信阳	驻马店	开封	商丘	周口
2015	0.450	0.593	0.501	0.298	0.208	0.320	0.304	0.433	0.320	0.160	0.337
2018	0.830	0.780	0.917	0.752	0.739	0.878	0.894	0.847	0.737	0.862	0.746
均值	0.473	0.510	0.518	0.384	0.355	0.466	0.436	0.458	0.387	0.373	0.394

表 7–4　2012、2015 及 2018 年乡村振兴子系统综合功效指数

	黄冈	孝感	安庆	亳州	阜阳	六安	信阳	驻马店	开封	商丘	周口
2012	0.159	0.024	0.120	0.063	0.027	0.051	0.019	0.030	0.074	0.017	0.016
2015	0.469	0.403	0.518	0.473	0.485	0.482	0.538	0.470	0.376	0.485	0.467
2018	0.875	0.879	0.893	0.829	0.809	0.739	0.880	0.873	0.860	0.806	0.879
均值	0.501	0.435	0.510	0.455	0.440	0.424	0.479	0.458	0.437	0.436	0.454

如表 7–3、表 7–4 所示，根据乡村旅游与乡村振兴子系统综合功效指数值的变化情况，大别山区各市乡村的旅游发展水平与乡村振兴发展水平在时间序列上表现出快速上升趋势。2012 年两个子系统综合发展水平均较低，2015 年较 2012 年综合发展水平有了较明显的提高，2018 年各市两个 子系统综合发展水平都达到 0.7 以上，处于较高水平。究其原因，主要是受大别山区旅游经济发展的影响。2012 年，该区域乡村旅游处于起步阶段，经过相关乡村旅游项目建设的实施以及受到 2013 年颁布的“美丽乡村”创建活动的影响，大别山区乡村旅游逐步平稳发展。2017 年，乡村振兴战略的提出后，随着大别山区区域经济发展及脱贫攻坚战略的深入，该区域加大了对乡村基础设施的投入，集中力量改变贫

困地区落后面貌，推动乡村振兴战略向高层次深入发展，并且不断促进乡村旅游的发展。

乡村旅游与乡村振兴子系统之间发展不平衡显著。通过两个子系统综合功效指数均值对比可知，孝感市、六安市、开封市、周口市、亳州市、阜阳市等差值较大，其中孝感市、安庆市、六安市、驻马店市乡村旅游功效值大于乡村振兴功效值，表明上述地区乡村旅游发展整体水平相对高于乡村振兴发展水平，反之，其他地区乡村旅游发展滞后于乡村振兴。同时，乡村旅游与乡村振兴综合功效指数值在空间上呈现出一定地区差异和不平衡性，乡村旅游发展水平整体上呈现出由南向北逐渐递减的趋势，乡村振兴发展水平整体上呈现出由西南向东北逐渐递减的趋势。如中部城市亳州市、阜阳市及北部城市开封市、周口市乡村旅游综合功效值明显比南部城市低，究其原因，由于该地区旅游资源丰度总体上呈现由南向北逐渐降低的趋势。

表 7–5　2012、2015 及 2018 年乡村旅游与乡村振兴系统耦合度

	黄冈	孝感	安庆	亳州	阜阳	六安	信阳	驻马店	开封	商丘	周口
2012	0.998	0.680	0.998	0.971	0.781	0.805	0.707	0.857	0.998	0.680	0.998
2015	1.000	0.982	1.000	0.974	0.917	0.979	0.961	0.999	1.000	0.982	1.000
2018	1.000	0.998	1.000	0.999	0.999	0.996	1.000	1.000	1.000	0.998	1.000

从表 7–5 可知，大别山区各地区乡村旅游与乡村振兴耦合度目前均在 0.9 以上，处于高水平耦合阶段，耦合度变化呈现缓慢提升趋势。随着该地区脱贫攻坚与乡村振兴战略的深入，加上乡村旅游转型升级发展，使得二者发展的协调性逐渐增强，互动发展程度不断提升，推动了耦合等级的提升。尽管乡村旅游与乡村振兴在发展速度、构成要素上存在差异，但总体上二者具备很强的互动关系。孝感市、阜阳市、六安市、信阳市、商丘市在 2012—2015 年，耦合度上升幅度较大，2015—

2018 年耦合度上升渐趋缓慢，说明这些地区乡村旅游和乡村振兴之间经过短期契合发展阶段，进一步加强了二者的关联程度，处于高水平阶段。2012—2018 年，黄冈市、安庆市、亳州市、开封市及周口市耦合度一直处于 0.9 以上，耦合度发展变化较小，基本无较大波动。说明这些地区乡村旅游与乡村振兴耦合发展程度较其他地区更平稳，乡村振兴与乡村旅游子系统耦合度一直趋于一种有序结构，耦合状态达到最佳。另外，同一年份，各地区间耦合度差异不明显，比较平均，充分说明大别山区各地区乡村旅游和乡村振兴发展较均衡，发展关联度较相似。

表 7-6　2012、2015 及 2018 年乡村旅游与乡村振兴系统耦合协调度

	黄冈	孝感	安庆	亳州	阜阳	六安	信阳	驻马店	开封	商丘	周口
2012	0.386	0.247	0.357	0.284	0.237	0.318	0.214	0.23	0.386	0.247	0.357
2015	0.678	0.699	0.714	0.613	0.564	0.627	0.636	0.672	0.678	0.699	0.714
2018	0.923	0.91	0.951	0.889	0.879	0.898	0.942	0.927	0.923	0.91	0.951

如表 7-6 所示，大别山区乡村旅游与乡村振兴系统协调度在 2012—2018 年呈现持续增高的趋势，2018 年，各地区耦合协调度均达到 0.9 以上，处于优质协调阶段，说明大别山区耦合协调度随着乡村旅游与乡村振兴综合功效指数值逐年快速上升而不断增加。由耦合度与耦合协调度对比可知，2012—2015 年，耦合协调度随着耦合度上升快速增长，2015—2018 年，尽管耦合度变化平缓甚至有些地区未发生改变，但耦合协调度仍不断上升，主要是由于 2015 年以后的各子系统综合功效指数值的快速增加，削弱了由于耦合度变化甚微甚至不变对系统耦合协调度所产生的风险。2012—2018 年，耦合协调度由中度失调逐渐转变为优质协调，发生了质的转变，说明大别山区乡村旅游与乡村振兴协同效应增强，向有序方向发展，两个子系统互动发展程度不断提高，达到优质

协调水平。总体来说，乡村旅游与乡村振兴两大子系统在整体协同效应方面呈现增长趋势，在耦合度、耦合协调度方面达到最佳状态。究其原因，受到乡村振兴发展规划、乡村旅游开发模式、乡村基础设施建设、社会文化挖掘、社会经济发展等综合因素的影响，各种因素的综合关联程度在很大程度上推动了两大系统的耦合协调。

（三）结论与建议

1. 结 论

以大别山区为实例进行研究，运用耦合度模型对该区乡村旅游与乡村振兴互动协调发展进行测度，得出以下结论。

（1）2012 到 2018 年，乡村旅游与乡村振兴两个子系统综合功效指数呈现快速增长的趋势，经济社会发展使得两系统发展水平快速提升；同一地区乡村旅游与乡村振兴之间发展不平衡显著，不同地区乡村旅游与乡村振兴发展水平存在差异性，乡村旅游发展水平整体上呈现由南向北逐渐递减，乡村振兴发展水平整体上呈现出由西南向东北逐渐递减的形式。

（2）大别山区乡村旅游与乡村振兴系统存在较强的耦合关系，耦合效应明显，处于高水平耦合阶段。耦合度呈现出一定的增长态势，先快后慢甚至停滞，部分地市乡村旅游和乡村振兴耦合互动发展达到最高水平。

（3）大别山区乡村旅游与乡村振兴系统协调度呈现出持续增高的趋势，各地区耦合协调度均达到 0.9 以上，耦合协调度由中度失调逐渐转变为优质协调，发生了质的转变。耦合协调度提升不受耦合度增长缓慢的影响，受系统综合功效指数值影响较大，未来发展中仍具有提升空间。

2. 建 议

基于以上结论，对于大别山区乡村旅游与乡村振兴发展讨论如下。

（1）实施乡村振兴，引导乡村旅游发展。乡村振兴战略是解决当前乡村发展不充分、城乡发展不平衡困境的有效途径，大别山区作为国家扶贫开发工作重点区域，应当加快实施乡村振兴战略，引导乡村旅游高效发展，充分发挥经济效益、生态效益和社会效益，从以下几个方面下功夫。

强化引领，科学规划，大力提升乡村旅游经济效益。乡村管理部门要结合区域发展实际，宏观调控，科学规划，整合区域旅游资源，加强区域间旅游合作与交流，开发乡村旅游新模式，不断优化旅游产业结构，打造乡村旅游文化品牌，完善乡村旅游产业链，发挥旅游产业集聚效应，促进乡村旅游转型升级，彻底改变大别山区乡村旅游开发中“村村点火”“家家冒烟”的不利局面。

注重保护，绿色发展，全面优化乡村旅游生态效益。保护就是最好的开发，开发的目的也是保护。要加强大别山区乡村地区古村落、遗迹遗址、乡风民俗等人文资源和村容村貌、农田、土地等自然资源的保护，充分利用现有资源，依托农村农民发展原汁原味的乡村旅游；提升乡村处理垃圾和污水治理能力，加强垃圾资源化利用和无公害化处理，继续推进乡村“厕所革命”，优化乡村人居环境，巩固“美丽乡村”建立。

加强合作，社区参与，充分发挥乡村旅游社会效益。加强区域间经济合作与交流，推动要素跨区域流动，优化资源配置，融合一切有利条件推动乡村旅游发展；大力引进民间资本参与乡村建设和乡村旅游开发，鼓励本土企业家和成功人士返乡创业，利用外来资本投入带动乡村经济发展；引导社区参与乡村建设和乡村旅游开发，营造良好的创业就业环境，鼓励企业就近使用劳动力，鼓励当地居民就近就业，提高居民经济收入，提升居民的获得感和幸福感。

（2）发展乡村旅游，助推乡村振兴战略实施。乡村旅游作为一种旅游新业态，从经济、生态、社会等方面不断推动乡村振兴战略实施与完善，必须紧紧围绕“产业兴旺、生态宜居、乡风文明、治理有效、生活富裕”基本要求，契合乡村振兴发展内涵。发展乡村旅游要助力产业兴旺。充分利用大别山区丰富的自然旅游资源和农副产品，通过对板栗、甜柿、茶叶等农副产品的加工，打造具有地域特色的乡村旅游产品品牌，完善乡村旅游产业链；推进旅游业和手工制造业、教育业、中医药材种植与加工、康养保健医疗等行业跨界融合，形成具有竞争力的旅游产业新业态。首先，发展乡村旅游要促进生态宜居。抓住农村、农民和农业这一主体来发展乡村旅游，充分发挥农村、农民、农业的本身价值，坚持保护优先的发展理念，发展立体农业和循环农业；优化乡村种养结构、居住结构，拓展农业功能，打造集种养结合、生态循环、休闲度假、康养旅游于一体的乡村田园综合体。其次，发展乡村旅游要引领乡风文明。充分利用好大别山“革命老区”“红色基因”等红色文化品牌，通过挖掘乡村红色文化旅游资源，传播英雄先烈事迹，讲好红军的故事，发挥红色文化的育人功能、体验功能和传承功能；充分挖掘大别山区人文历史旅游资源，保护和传承乡土民俗文化，开发具有地方特色兼备浓郁乡土风情乡村民俗旅游产品。再次，发展乡村旅游要助推乡村治理。大量吸收当地居民就业，转变农民身份，改善政府、企业与农民的关系，完善乡村治理结构。最后，发展乡村旅游带动农民生活富裕。大力开展旅游精准扶贫，旅游企业和贫困户之间结对帮扶，加大乡村旅游基础设施建设投入，有偿流转和开发农民土地资源，提高土地资源生产率，提升农民旅游经营、管理和劳作参与度，开展农民职业技能培训，提高农民就业本领，实现农民增收、农村繁荣。

参考文献

[1] 蒋高明 . 乡村振兴：选择与实践 [M]. 北京：中国科学技术出版社，2019.

[2] 陈瑞萍 . 美丽乡村与乡村旅游资源开发 [M]. 北京：航空工业出版社，2019.

[3] 俞菊生，宋仲琤 . 长江三角洲发展报告 2016 新农村建设 [M]. 上海：上海人民出版社，2017.

[4] 何晖 . 生态文明视角下的城市规划管理 [M]. 湘潭：湘潭大学出版社，2014.

[5] 施从美，沈承诚 . 区域生态治理中的府际关系研究 [M]. 广州：广东人民出版社，2011.

[6] 中共中央文献研究室 . 习近平关于社会主义生态文明建设论述摘编 [M]. 北京：中央文献出版，2017.

[7] 毛泽东 . 毛泽东文集（第七卷）[M]. 北京：人民出版社，1999.

[8] 中共中央文献研究室 . 十六大以来重要文献选编（中）[M]. 北京：中央文献出版社，2006.

[9] 傅荣贤 . 和谐信息生态环境构建以中国古代文献信息生态观为视角 [M]. 北京：知识产权出版社，2015.

[10] 王现丽 . 生态学 [M]. 徐州：中国矿业大学出版社，2017.

[11] 戴炳业，刘慧，李敬锁 . 中国农业农村现代化探索与实践研究 [M]. 北京：科学技术文献出版社，2019.

[12] 徐少君，王梓 . 农业生态学 [M]. 成都：电子科技大学出版社 .2016.

[13] 高艳春，马苏，熊剑胜，等 . 我国兽药产业现状与发展趋势分析 [J]. 中国畜牧杂志，2013（18）：3-7.

[14] 蒋高明，郑延海，吴光磊，等 . 产量与经济效益共赢的高效生态农业模式：以弘毅生态农场为例 [J]. 科学通报，2017，62（4）：289-297.

[15] 习近平. 推动我国生态文明建设迈上新台阶 [J]. 求是，2019（3）：12.

[16] 周锦秀. 乡村振兴的战略关键点及其路径 [J]. 农家参谋，2020（22）：23+30.

[17] 叶冲. 关于乡村生态旅游发展模式探讨 [J]. 农家参谋，2020（22）：35-36.

[18] 黄延廷，申汪洋. 农村生态文明法治建设的现实困境与进路 [J]. 牡丹江师范学院学报（社会科学版），2020（5）：64-73.

[19] 蒋高明. 论生态农业的边界、原理与应用 [J]. 人民论坛·学术前沿，2019（19）：6-13.

[20] 桂秋灵，张丝雨. “两山”思想实践下绿色发展新模式的可持续性研究——以浙江安吉为例 [J]. 经济研究导刊，2020（7）：132-133+158.

[21] 王汉定，万思敏. 乡村生态文化建设对策探究 [J]. 南方农业，2020，14（9）：113-114.

[22] 李淑霞，曹耀峰. 河北塞罕坝：生态文明建设的生动范例 [J]. 当代贵州，2018（28）：60-61.

[23] 马灿明，毛云峰，张健，等. 我国农村“厕所革命”相关技术标准规范和实施进展 [J]. 安徽农业科学，2020，48（20）：215-221.

[24] 黄戏，李强，王三秀，等. 我国农村垃圾管理瓶颈及其破解 [J]. 新西部，2020（25）：78-81.

[25] 尚嫣然，温锋华. 新时代产业生态化和生态产业化融合发展框架研究 [J]. 城市发展研究，2020，27（7）：83-89.

[26] 杨洁，刘永岗，王娟娟. 山西省农村可再生能源建设现状、问题及对策研究 [J]. 当代农机，2020（10）：46-48.

[27] 贾绍俊. 新时代生态文明体制改革的指导思想与正确路向 [J]. 观察与思考，2020（10）：42-51.

[28] 赵津津. 乡村振兴战略背景下关于农村大气污染治理的思考 [J]. 广西社会科学，2019（6）：84-89.

[29] 王延波，张纯燕. 中国古代“天人合一”思想对新时代生态文明建设的启示 [J]. 山西高等学校社会科学学报，2020，32（09）：6-9+59.

[30] 谷保军，郝钰叶．中国古代生态思想对新时代生态文明的启示 [J]. 学理论，2020（03）：16-17+51.
[31] 高姗．马克思恩格斯生态思想形成的理论渊源及当代价值 [J]. 文化创新比较研究，2019，3（36）：12-13.
[32] 庞昌伟，薛莲，张新．从中华优秀传统文化中汲取生态文明建设的智慧 [J]. 中国经贸导刊，2015（29）：39-41.
[33] 高荃．论中国古代传统文化中的生态文明思想及其当代价值 [J]. 科技视界，2014（18）：121-122.
[34] 杨硕，吴淑逸．邓小平生态思想研究 [J]. 渤海大学学报（哲学社会科学版），2020，42（02）：39-43.
[35] 杨硕，马文璐．毛泽东新中国成立后生态思想探析 [J]. 沈阳工程学院学报（社会科学版），2020，16（1）：29-34.
[36] 白家鸣．江泽民同志的生态观研究 [J]. 领导科学论坛，2018（19）：7-8.
[37] 刘海霞．论胡锦涛的生态环境思想 [J]. 中国石油大学学报（社会科学版），2015，31（06）：37-42.
[38] 陈颖，韦震，王明初．毛泽东生态文明思想及其当代意义 [J]. 马克思主义研究，2015（06）：41-50.
[39] 刘晓宇，孙明慧．毛泽东生态思想对建设“美丽中国”的启示 [J]. 未来与发展，2015，39（05）：2-5.
[40] 李慧．乡村振兴战略背景下乡村规划与生态修复策略探讨 [J]. 农业开发与装备，2020（10）：10-11.
[41] 徐刘芬．我国粮食安全的水资源支撑问题研究 [J]. 山东农业工程学院学报，2016，33（1）：8-11.
[42] 王艳红．高效有机循环农业的内涵和其发展必要性分析 [J]. 北京农业，2013（12）：272.
[43] 顾永芬，顾永江，陶宇航．推广高效有机循环农业生产方式促进农业可持续发展 [J]. 绿色科技，2012（9）：99-102.
[44] 郑高花．“天人合一”生态伦理思想与社会主义新农村建设 [J]. 重庆教育学院学报，2011，24（4）：72-74.
[45] 陈龙．新时代中国特色乡村振兴战略探究 [J]. 西北农林科技大学学报（社会科学版）.2018，18（3）：55-62.

[46] 王恒，易小燕．绿色发展背景下农户施肥及其决策行为研究进展 [J]. 中国生态农业学报（中英文），2019，27（8）：1284-1292.
[47] 王恒，易小燕．生态振兴视角下绿色施肥行为研究进展 [J]. 生态经济，2019，35（6）：106-112.
[48] 辛纪宝．探讨农作物虫害生物防治技术的推广应用 [J]. 种子科技，2019，37（2）：96+100.
[49] 朱建江．习近平新时代中国特色社会主义乡村振兴思想研究 [J]. 上海经济研究，2018（11）：5-14+50.
[50] 倪静．生态文明视野下的乡村振兴 [J]. 经贸实践，2018（18）：45-46.
[51] 余谋昌．动物性食品生产的生态思考 [J]. 阴山学刊，2018，31（1）：10-21.
[52] 白露．我国农产品贮藏与加工新技术及应用 [J]. 食品安全导刊，2020（15）：187.
[53] 张凯惠，段杰，刘杉，等．绿色加工技术在农产品深加工中的应用 [J]. 食品安全导刊，2020（3）：181.
[54] 郝婧．我国农产品贮藏与加工新技术及应用现状 [J]. 农家参谋，2019（19）：15.
[55] 许为鲸．农产品贮藏加工现状和发展趋势 [J]. 食品安全导刊，2018（3）：44-45.
[56] 田硕，苗明三．中药原生态种植研究 [J]. 中医学报，2014，29（9）：1339-1341.
[57] 曹家翔，张一奇．基于生态美学视野下的乡村景观规划设计研究——以郎溪十字镇新和村为例 [J]. 绿色科技，2019（21）：19-22+26.
[58] 杨乐．乡村生态景观的设计与建设——评《乡村生态景观建设理论和技术》[J]. 世界林业研究，2020，33（2）：118.
[59] 马安佳．乡村振兴背景下果蔬销售渠道分析 [J]. 农村经济与科技，2020，31（16）：84-85.
[60] 郑雅婷．乡村振兴背景下农村生态环境问题及解决策略探究 [J]. 南方农业，2020，14（23）：185-186.
[61] 宋幸宇．乡村振兴战略下农村生态环境治理的困境与路径 [J]. 湖北农机化，2020（15）：22-24.

[62] 吴雨涵，肖瑶，孙雪．乡村景观生态建设在乡村改造中的应用 [J]. 建筑经济，2020，41（07）：127-128.

[63] 荣利民．生态规划理念在景观规划设计中的应用 [J]. 城市建筑，2019，16（29）：128-129.

[64] 肖芳文．大数据时代江西省绿色农产品营销策略分析 [J]. 南方农业，2019，13（27）：170-172.

[65] 王超，田静丽．简述乡村景观生态的现状与发展 [J]. 美与时代(城市版)，2019（3）：91-92.

[66] 马存琛，华钰蓉，陆明华．基于生态发展角度的乡村景观研究进展 [J]. 江苏林业科技，2019，46（1）：49-52.

[67] 朱红，王雅利．山西省乡村基础设施建设发展现状分析 [J]. 河北农业科学，2018，22（6）：16-19.

[68] 基础设施建设和公共服务供给是乡村振兴强力支撑——《乡村振兴战略规划（2018—2022 年）》解读 [J]. 国土资源，2018（11）：39-41.

[69] 李佼阳．乡村景观生态建设的意义及发展前景 [J]. 现代园艺，2015（20）：147.

[70] 王艳红．高效有机循环农业的内涵和其发展必要性分析 [J]. 北京农业，2013（12）：272.

[71] 胡锦涛．在中国科学院第十五次院士大会中国工程院第十次大会上的讲话 [N]. 光明日报，2010-06-08（01）.

[72] 徐子雯．有机管理模式下农业生态系统质量与稳定性初步探究：以弘毅生态农场为例 [D]. 北京：中国科学院大学，2019.

[73] 叶亦青．社会变迁视阈下高陵区乡村公共服务设施配置研究 [D]. 西安：长安大学，2019.

[74] 李秀秀．新时代我国生态文明建设制度体系研究 [D]. 郑州：河南工业大学，2020.